MEU NOME

CONTATOS

COMECE POR AQUI

QUEM NÃO DESEJA UMA CASA LIMPA, um ambiente funcional, relacionamentos saudáveis e momentos de descanso? Às vezes traçamos planos de ação e conseguimos nos manter no caminho do equilíbrio por um tempo, mas, outras vezes, saímos dos trilhos que nós mesmas construímos e precisamos de uma pausa para repensar e "recalcular a rota".

Já aconteceu com você? Saiba que não está sozinha. É por isso mesmo que apresentamos este planner e compartilhamos dicas e sugestões práticas para o seu dia a dia; não para que sirva de modelo, mas para inspirá-la e encorajá-la, na esperança de que você analise as suas necessidades e crie o seu planejamento — aquele que, embora coordenado por uma mulher imperfeita (mas perfeitamente amada), será o SEU plano perfeito.

Pronta para começar?

PENSE NISSO

A maneira como compreendemos o mundo interfere na forma como lidamos com ele e com os diferentes aspectos da vida. É o modo como interpretamos a realidade que direciona nossas escolhas e prioridades, nossos objetivos e, acima de tudo, o valor que conferimos a cada esfera da vida.

Da mesma maneira, o modo como enxergamos as atividades da vida comum no lar, o trabalho fora de casa ou os estudos influencia diretamente como lidamos com esses aspectos da vida, pois reflete o que está em nosso coração.

Aqui vamos oferecer ferramentas para ajudar você a organizar suas atividades dentro do tempo que lhe é dado, mantendo o foco em uma vida que glorifique a Deus em todos os momentos.

PRIMEIROS PASSOS

1. PEÇA SABEDORIA - Ore e peça a Deus que mostre a você quais devem ser suas prioridades neste momento da vida, as atividades nas quais você deve investir mais tempo e energia. Peça que o Senhor traga luz ao que está oculto e mostre quais transformações são necessárias em seu coração. *"Sonda-me, ó Deus, e conhece o meu coração; prova-me, e conhece os meus pensamentos."* (Salmos 139:23).
2. REGISTRE - Separe um papel e uma caneta e registre todas as atividades que você realizar neste dia. Tudo mesmo, seja sincera. Registre o horário, a ação e o tempo gasto. O mapeamento do seu dia será útil no seu projeto.
3. AVALIE - Hora de analisar os dados que você coletou no item anterior. Dentre as atividades realizadas ao longo do dia, o que está tomando o seu tempo de forma inapropriada? O que deve se manter

por ser realmente importante? O que deve ser eliminado por completo do seu dia, pois está sugando seu tempo e sua energia? Reflita e monte uma lista de prioridades em cada área de sua vida. Comece a elaborar uma rotina.

4 SEJA INTENCIONAL - Viva cada momento com intenções claras e faça o seu melhor. Isso faz muito mais sentido do que buscar uma vida perfeita em um mundo corrompido pelo pecado. Ser intencional nada tem a ver com ser interesseira, que fique claro! Trata-se de um estilo de vida segundo o qual escolhemos conscientemente alinhar nossas ações aos nossos princípios, visando atingir um ou mais objetivos específicos.

Para começar, oferecemos dicas para organizar a vida em diferentes segmentos, ao mesmo tempo em que você percorre o processo de implementação ou construção do seu plano completo de organização. As dicas contemplam ações nas diferentes áreas da vida: casa, relacionamentos, fé, trabalho e vida pessoal. Todas essas áreas se conectam no cotidiano. Por isso, embora não seja datado, o planner é dividido por meses. Cabe a você refletir como inserir cada área no seu cotidiano. Procure ser intencional. Se você olhar para seu planejamento através das lentes das Escrituras, considerando o senhorio de Cristo sobre todos os aspectos da vida, será mais fácil lidar com os desafios que cada segmento apresenta. A forma como compreendemos Deus e seus planos influencia na forma como vivemos.

ORDENANDO A VIDA E O CORAÇÃO

Muito se fala sobre a importância de se desenvolver hábitos saudáveis. Criam-se técnicas e discursos para nos convencer sobre a importância da rotina na busca por produtividade e felicidade. Contudo, há conceitos* fundamentais que são anteriores:

- formamos hábitos pela repetição; uma ação se torna um hábito quando passa a fazer parte da nossa rotina, mesmo que de forma inconsciente ou não planejada;
- hábitos também nos formam, positiva ou negativamente;
- hábitos revelam o que o nosso coração prioriza.

Fomos criadas para amar nosso Criador, mas, com o pecado, nosso coração foi desalinhado para onde direcionar esse amor. Na inquietação em busca do alvo, acabamos desenvolvendo um conjunto de pequenas práticas que se tornam comuns no dia a dia e que revelam nossos anseios e para onde estamos direcionando nossa atenção e amor.

Conscientes de que nós moldamos nossos hábitos e de que eles também nos moldam, temos a possibilidade de tomar o controle da formação de hábitos direcionando-os intencionalmente para onde queremos apontar,

*SMITH, James K.A. *Você é aquilo que ama*: o poder espiritual do hábito. São Paulo: Vida Nova, 2017.

realinhando o coração em direção a Deus para permanecer em Cristo em meio a todas as demandasda vida de mulher, mãe, dona de casa, trabalhadora, estudante.

Nessa perspectiva, podemos desenvolver ritmos e práticas que levem a nossa experiência de relacionamento com Deus para os momentos considerados mais comuns do dia a dia ao mesmo tempo que tragam a vida comum em direção a presença de Deus.

Meu plano perfeito oferece a você páginas estruturadas para controle da rotina e de hábitos diários – tanto os que deseja formar, quanto os que deseja eliminar –, bem como mini planejamentos de hábitos a desenvolver em cada área da vida. Além disso, você poderá ter mais consciência das suas práticas, do modo como distribui suas atividades no tempo e de todo seu ritmo de vida.

Todo o processo de organização da vida, que passa pela ordenação do coração e suas motivações, pode ser um desafio, mas não se frustre, mesmo que você precise recomeçar algumas vezes. Se algo der errado e no meio do caminho tudo voltar à estaca zero, dê uma nova chance a você mesma e recomece com leveza. Afinal, é assim que Deus age conosco, sempre nos dando a oportunidade de recomeçar, com graça e misericórdia.

Não importa se você tem um emprego, estuda ou se dedica exclusivamente aos cuidados da casa e da família; certamente você tem momentos de muita pressão emocional e muito trabalho a realizar.

A função desse planner é acompanhá-la e ajudá-la a aproveitar da melhor forma possível as 24 horas de cada dia, durante todos os dias do ano, na administração dos seus recursos: habilidades, dons, finanças, bens, relacionamentos, tudo o que Deus colocou aos seus cuidados.

Quando estiver desanimada ao ponto de procrastinar, lembre-se do objetivo final: uma vida organizada, mas consciente de que imprevistos acontecem; a perfeição não é uma característica humana. Tudo o que fazemos é para o Senhor e com a ajuda dele. O que estamos buscando é um equilíbrio entre cuidar da casa, da família e de nós mesmas, investindo as horas do dia naquilo que realmente importa e estando em constante conexão com Deus e seus princípios. Uma mulher produtiva não é aquela que faz uma infinidade de atividades aleatórias, mas a que usa todos os seus recursos com sabedoria e para a glória de Deus.

Alessandra Rigazzo

alessandrarigazzo.com.br @alessandrarigazzo

Respire fundo, vire a página e descubra um novo começo!

CUIDE DE SI MESMA

NOSSOS RELACIONAMENTOS são muito importantes para nós. Seja com o marido, os pais, os filhos, as amigas... As relações que temos com o mundo envolvem muito do nosso investimento de tempo, energia e pensamento. E mesmo que às vezes seja um pouco desgastante, também é muito prazeroso. Mas, em alguns momentos, falta nos atentarmos para um tipo de relacionamento primordial: o que temos com nós mesmas.

Você tenta ao máximo ser uma esposa incrível, mãe perfeita, amiga para todas as horas e profissional multitarefas, mas será que está cuidando de si mesma tão bem quanto cuida dos seus entes queridos? Quando foi a última vez que tirou uns minutinhos e fez algo por você? É comum se colocar em último lugar quando há tantas preocupações no dia a dia, mas isso não é bom para você e nem para sua família ou amigos.

Há diversas formas de cuidar de si mesma, todas com grandes benefícios, tanto para você quanto para quem você ama. O primeiro passo é acreditar que você merece ser amada e cuidada tanto quanto seus filhos, marido ou amigos. Tente não ser negligente consigo mesma. Não descuide de sua saúde física, emocional e espiritual.

PARA COMEÇAR

1. NÃO IGNORE OS SINAIS QUE O SEU CORPO LHE DÁ - Esteja atenta e sempre procure a opinião de um profissional.

2. APRENDA A DIZER "NÃO" - Respeite-se e lembre-se que você não pode dar conta de tudo o que é sua responsabilidade e mais da de outras pessoas.

3. RESERVE UM TEMPO PARA SI MESMA - Faça coisas de que gosta: observe a natureza, leia um livro, faça seu artesanato favorito.

4. EXPRESSE SEUS SENTIMENTOS - Não guarde os pensamentos só para si, divida-os com alguém de confiança. Se sentir que é necessário, procure ajuda profissional para lidar com suas emoções.

5. DESCANSE - Faça pequenas pausas ao longo do dia: alongue-se, respire profundamente, tome um chá. Tire um dia de descanso semanalmente. Desligue o celular uma hora por dia e um dia por semana.

6. FAÇA ATIVIDADE FÍSICA - Estar em movimento alivia o estresse e a ansiedade, além de melhorar sua condição cardiorrespiratória. Não pode pagar academia? Caminhar é uma boa alternativa.

7. INVISTA EM UMA REDE DE APOIO - Forme um grupo de pessoas que possam lhe dar conselhos e carinho em momentos difíceis e com quem possa dividir as alegrias.

8 CUIDE DA ALIMENTAÇÃO - Capriche no colorido do seu prato, aumente a variedade de hortaliças e frutas. Diminua o sal e evite (ou exclua) alimentos ultra processados. Beba bastante água.

9 SINTA O SOL - Os raios solares são importantes para a saúde e ajudam na absorção da vitamina D, que nos deixa bem mais dispostas. Tente se expor ao sol durante 20 minutos diariamente.

10 SEJA GRATA - Gratidão é uma postura do coração que se manifesta em nosso comportamento. Faça uma lista diária ou semanal das coisas pelas quais você sente grata.

11 FORTALEÇA SEU RELACIONAMENTO COM DEUS - Dedique parte do seu dia à oração e à leitura da Bíblia. Estar em contato com o Pai vai acalmar sua mente e te deixar mais sensível para ouvir Sua voz em cada situação. Além disso, o autoconhecimento genuíno acontece nesse relacionamento: nos conhecemos à medida que conhecemos a Deus.

LEMBRE-SE

É preciso estar bem para cuidar de quem se ama.

MEU PLANO COM DEUS

VOCÊ JÁ DEVE SABER QUE para desenvolver um relacionamento de intimidade com Deus é preciso dedicar um tempo específico para voltar seus pensamentos para Ele. Se não planejarmos, é muito provável que o nosso tempo com Deus seja engolido pelo excesso de atividades de trabalho, dentro ou fora de casa, e até mesmo na igreja. Assim, deixamos de fazer o que mais importa e dá sentido a todas as outras coisas, saímos do centro da vontade de Deus para preencher a vida com afazeres que nos esgotam. Precisamos intencionalmente escolher a boa parte, aquela que é eterna.

COMO PLANEJAR SEU TEMPO COM DEUS

1. RESERVE UM HORÁRIO - É preciso entender que em cada fase da vida vivemos um contexto diferente: a juventude, a graduação, o matrimônio, a maternidade, a carreira, a maturidade. Assim sendo, teremos também horários e formas diferentes de organização. Pense sobre qual é a melhor hora do dia para você neste momento e tente ser fiel à sua programação. Se possível, acorde mais cedo e leve sua experiência matinal para o restante do dia.
2. ESCOLHA O LOCAL - Encontre um lugar da sua casa onde você se sinta confortável, tenha privacidade e seja livre de distrações.
3. SELECIONE OS MATERIAIS - É fundamental que o tempo devocional seja composto por oração, atitude de adoração, leitura e estudo da Bíblia. Contudo, ainda é possível incluir o estudo de um livro e a leitura de textos de reflexão, se você quiser aprofundar seu conhecimento. Alguns materiais que podem acompanhá-la são: a Bíblia, seu planner (que tem o plano de leitura anual da Bíblia e seções para anotações), um livro devocional, um livro de estudo.
4. LIVRE-SE DOS CONCEITOS ENGANOSOS - O tempo a sós com Deus é uma decisão pessoal realmente importante. Lembre-se que não é um ritual mecânico, mas consciente e intencional de relacionamento, durante o qual você irá conhecer mais a Deus e, consequentemente, mais sobre você, à medida que ele se revela. É muito provável que imprevistos aconteçam e te impeçam de usufruir deste privilégio. Quando isso acontecer, não deixe que a culpa invada sua mente e a deixe paralisada. Você continua sendo filha amada e conhecida do Pai e pode continuar conectada com ele através das escolhas que faz ao longo do dia. Tente novamente no dia seguinte.

PARA CRESCER EM CONHECIMENTO E RELACIONAMENTO COM DEUS

- Siga seu planejamento mesmo quando estiver sem vontade ou sem as condições que considera ideais, pois a vida de oração irá florescer. É assim que se desenvolve um hábito.
- Tenha consciência da presença real de Jesus com você durante todo o tempo.
- Esteja atenta ao momento atual e acalme os ruídos do ambiente e dos seus pensamentos.

MEU PLANO COM DEUS

- Leve a vivência do seu momento com Deus para as atividades comuns do seu dia completo.
- Comece o dia com uma oração de entrega.
- Ao longo do dia, faça pausas. Fale com Deus sobre o que te preocupa e peça direção.
- Antes de dormir, leia um salmo e faça uma oração de gratidão
- Lembre-se que é um privilégio poder falar com Deus, manter um relacionamento com o seu Pai e tê-lo ao lado durante sua jornada.
- Pratique a *lectio divina.*

LECTIO DIVINA é um método de leitura orante das Escrituras. Trata-se de digerir o significado da Palavra de Deus e dedicar um tempo para meditar a respeito dela.

COMO PRATICAR

1. LER - Escolha uma passagem das Escrituras (de 1 a 15 versículos). Leia devagar várias vezes. Se possível, leia em voz alta. Para começar, experimente João 15:1-8

2. MEDITAR - Reflita sobre as palavras lidas. Ouça com atenção. Existe uma palavra ou frase que se destaca para você? Concentre-se nessas palavras. Repita-as. Permita que Deus fale com você.

3. ORAR - Responda a Deus. Diga a ele o que você pensa sobre o que leu. Diga a ele o que a conforta e o que te desafia. Peça a ajuda dele para viver as verdades que você descobriu.

4. CONTEMPLAR - Pare. Fique quieta. Pare de falar, pare de pedir e descanse. Passe algum tempo em silêncio sentada na presença de Deus. Convide o Espírito Santo e permita que ele a transforme de dentro para fora.

Fonte: *Lecionário, ano A, fascículo 2.* Fev 2020. Adaptado de: www.24-7prayer.com

PLANO DE LEITURA DA BÍBLIA

A LEITURA DIÁRIA DA BÍBLIA é de suma importância para a vida do cristão, pois é por meio dela que nos aproximamos de Deus e compreendemos Sua vontade. A Bíblia é a Palavra inspirada por Deus, repleta de sabedoria, orientação e encorajamento para todas as áreas de nossas vidas. Ao dedicarmos tempo diário à leitura das Escrituras, fortalecemos nossa fé, renovamos nossa mente e encontramos respostas para os desafios que enfrentamos. Se você precisa aprender a incorporar a leitura da Bíblia em seu cotidiano, este plano de leitura bíblica de um ano pode auxiliá-la a cultivar o hábito de se conectar com Deus todos os dias, permitindo que Sua Palavra transforme e guie sua vida de forma intencional e disciplinada.

DIA 1: Lc 5.27-39, Gn 1-2, Sl 1	DIA 2: Lc 6.1-26, Gn 3-5, Sl 2	DIA 3: Lc 6.27-49, Gn 6-7, Sl 3	DIA 4: Lc 7.1-17, Gn 8-10, Sl 4	DIA 5: Lc 7.18-50, Gn 11, Sl 5
DIA 6: Lc 8.1-25, Gn 12, Sl 6	DIA 7: Lc 8.26-56, Gn 13-14, Sl 7	DIA 8: Lc 9.1-27, Gn 15, Sl 8	DIA 9: Lc 9.28-62, Gn 16, Sl 9	DIA 10: Lc 10.1-20, Gn 17, Sl 10
DIA 11: Lc 10.21-42, Gn 18, Sl 11	DIA 12: Lc 11.1-28, Gn 19, Sl 12	DIA 13: Lc 11.29-54, Gn 20, Sl 13	DIA 14: Lc 12.1-31, Gn 21, Sl 14	DIA 15: Lc 12.32-59, Gn 22, Sl 15
DIA 16: Lc 13.1-17, Gn 23, Sl 16	DIA 17: Lc 13.18-35, Gn 24, Sl 17	DIA 18: Lc 14.1-24, Gn 25, Sl 18	DIA 19: Lc 14.25-35, Gn 26, Sl 19	DIA 20: Lc 15, Gn 27.1-45, Sl 20
DIA 21: Lc 16, Gn 27.46-28.22, Sl 21	DIA 22: Lc 17, Gn 29.1-30, Sl 22	DIA 23: Lc 18.1-17, Gn 29.31-30.43, Sl 23	DIA 24: Lc 18.18-43, Gn 31, Sl 24	DIA 25: Lc 19.1-27, Gn 32-33, Sl 25
DIA 26: Lc 19.28-48, Gn 34, Sl 26	DIA 27: Lc 20.1-26, Gn 35-36, Sl 27	DIA 28: Lc 20.27-47, Gn 37, Sl 28	DIA 29: Lc 21, Gn 38, Sl 29	DIA 30: Lc 22.1-38, Gn 39, Sl 30
DIA 31: Lc 22.39-71, Gn 40, Sl 31	DIA 32: Lc 23.1-25, Gn 41, Sl 32	DIA 33: Lc 23.26-56, Gn 42, Sl 33	DIA 34: Lc 24.1-12, Gn 43, Sl 34	DIA 35: Lc 24.13-53, Gn 44, Sl 35
DIA 36: Hb 1, Gn 45.1-46.27, Sl 36	DIA 37: Hb 2, Gn 46.28-47.31, Sl 37	DIA 38: Hb 3.1-4.13, Gn 48, Sl 38	DIA 39: Hb 4.14-6.12, Gn 49-50, Sl 39	DIA 40: Hb 6.13-20, Ex 1-2, Sl 40

PLANO DE LEITURA DA BÍBLIA

DIA 41 Hb 7 Ex 3-4 Sl 41	DIA 42 Hb 8 Ex 5.1-6.27 Pv 1	DIA 43 Hb 9.1-22 Ex 6.28-8.32 Pv 2	DIA 44 Hb 9.23-10.18 Ex 9-10 Pv 3	DIA 45 Hb 10.19-39 Ex 11-12 Pv 4
DIA 46 Hb 11.1-21 Ex 13-14 Pv 5	DIA 47 Hb 11.22-40 Ex 15 Pv 6.1-7.5	DIA 48 Hb 12 Ex 16-17 Pv 7.6-27	DIA 49 Hb 13 Ex 18-19 Pv 8	DIA 50 Mt 1 Ex 20-21 Pv 9
DIA 51 Mt 2 Ex 22-23 Pv 10	DIA 52 Mt 3 Ex 24 Pv 11	DIA 53 Mt 4 Ex 25-27 Pv 12	DIA 54 Mt 5.1-20 Ex 28-29 Pv 13	DIA 55 Mt 5.21-48 Ex 30-32 Pv 14
DIA 56 Mt 6.1-18 Ex 33-34 Pv 15	DIA 57 Mt 6.19-34 Ex 35-36 Pv 16	DIA 58 Mt 7 Ex 37-38 Pv 17	DIA 59 Mt 8.1-13 Ex 39-40 Pv 18	DIA 60 Mt 8.14-34 Lv 1-2 Pv 19
DIA 61 Mt 9.1-17 Lv 3-4 Pv 20	DIA 62 Mt 9.18-38 Lv 5-6 Pv 21	DIA 63 Mt 10.1-25 Lv 7-8 Pv 22	DIA 64 Mt 10.26-42 Lv 9-10 Pv 23	DIA 65 Mt 11.1-19 Lv 11-12 Pv 24
DIA 66 Mt 11.20-30 Lv 13 Pv 25	DIA 67 Mt 12.1-21 Lv 14 Pv 26	DIA 68 Mt 12.22-50 Lv 15-16 Pv 27	DIA 69 Mt 13.1-23 Lv 17-18 Pv 28	DIA 70 Mt 13.24-58 Lv 19 Pv 29
DIA 71 Mt 14.1-21 Lv 20-21 Pv 30	DIA 72 Mt 14.22-36 Lv 22-23 Pv 31	DIA 73 Mt 15.1-20 Lv 24-25 Ec 1.1-11	DIA 74 Mt 15.21-39 Lv 26-27 Ec 1.12-2.26	DIA 75 Mt 16 Nm 1-2 Ec 3.1-15
DIA 76 Mt 17 Nm 3-4 Ec 3.16-4.16	DIA 77 Mt 18.1-17 Nm 5-6 Ec 5	DIA 78 Mt 18.18-35 Nm 7-8 Ec 6	DIA 79 Mt 19.1-15 Nm 9-10 Ec 7	DIA 80 Mt 19.16-30 Nm 11-12 Ec 8
DIA 81 Mt 20.1-16 Nm 13-14 Ec 9.1-12	DIA 82 Mt 20.17-34 Nm 15-16 Ec 9.13-10.20	DIA 83 Mt 21.1-27 Nm 17-18 Ec 11.1-8	DIA 84 Mt 21.28-46 Nm 19-20 Ec 11.9-12.14	DIA 85 Mt 22.1-22 Nm 21 Ct 1.1-2.7
DIA 86 Mt 22.23-46 Nm 22.1-40 Ct 2.8-3.5	DIA 87 Mt 23.1-12 Nm 22.41-23.26 Ct 3.6-5.1	DIA 88 Mt 23.13-39 Nm 23.27-24.25 Ct 5.2-6.3	DIA 89 Mt 24.1-31 Nm 25-27 Ct 6.4-8.4	DIA 90 Mt 24.32-51 Nm 28-29 Ct 8.5-14

PLANO DE LEITURA DA BÍBLIA

DIA 91	Mt 25.1-30	Nm 30-31	Jó 1
DIA 92	Mt 25.31-46	Nm 32-34	Jó 2
DIA 93	Mt 26.1-25	Nm 35-36	Jó 3
DIA 94	Mt 26.26-46	Dt 1-2	Jó 4
DIA 95	Mt 26.47-75	Dt 3-4	Jó 5
DIA 96	Mt 27.1-31	Dt 5-6	Jó 6
DIA 97	Mt 27.32-66	Dt 7-8	Jó 7
DIA 98	Mt 28	Dt 9-10	Jó 8
DIA 99	At 1	Dt 11-12	Jó 9
DIA 100	At 2.1-13	Dt 13-14	Jó 10
DIA 101	At 2.14-47	Dt 15-16	Jó 11
DIA 102	At 3	Dt 17-18	Jó 12
DIA 103	At 4.1-22	Dt 19-20	Jó 13
DIA 104	At 4.23-37	Dt 21-22	Jó 14
DIA 105	At 5.1-16	Dt 23-24	Jó 15
DIA 106	At 5.17-42	Dt 25-27	Jó 16
DIA 107	At 6	Dt 28	Jó 17
DIA 108	At 7.1-22	Dt 29-30	Jó 18
DIA 109	At 7.23-8.1	Dt 31-32	Jó 19
DIA 110	At 8.1-25	Dt 33-34	Jó 20
DIA 111	At 8.26-40	Js 1-2	Jó 21
DIA 112	At 9.1-25	Js 3.1-5.1	Jó 22
DIA 113	At 9.26-43	Js 5.2-6.27	Jó 23
DIA 114	At 10.1-33	Js 7-8	Jó 24
DIA 115	At 10.34-48	Js 9-10	Jó 25
DIA 116	At 11.1-18	Js 11-12	Jó 26
DIA 117	At 11.19-30	Js 13-14	Jó 27
DIA 118	At 12	Js 15-17	Jó 28
DIA 119	At 13.1-25	Js 18-19	Jó 29
DIA 120	At 13.26-52	Js 20-21	Jó 30
DIA 121	At 14	Js 22	Jó 31
DIA 122	At 15.1-21	Js 23-24	Jó 32
DIA 123	At 15.22-41	Jz 1	Jó 33
DIA 124	At 16.1-15	Jz 2-3	Jó 34
DIA 125	At 16.16-40	Jz 4-5	Jó 35
DIA 126	At 17.1-15	Jz 6	Jó 36
DIA 127	At 17.16-34	Jz 7-8	Jó 37
DIA 128	At 18	Jz 9	Jó 38
DIA 129	At 19.1-20	Jz 10.1-11.33	Jó 39
DIA 130	At 19.21-41	Jz 11.34-12.15	Jó 40
DIA 131	At 20.1-16	Jz 13	Jó 41
DIA 132	At 20.17-38	Jz 14-15	Jó 42
DIA 133	At 21.1-36	Jz 16	Sl 42
DIA 134	At 21.37-22.29	Jz 17-18	Sl 43
DIA 135	At 22.30-23.22	Jz 19	Sl 44
DIA 136	At 23.23-24.9	Jz 20	Sl 45
DIA 137	At 24.10-27	Jz 21	Sl 46
DIA 138	At 25	Rt 1-2	Sl 47
DIA 139	At 26.1-18 Rt 3-4	Sl 48	
DIA 140	At 26.19-32	1Sm 1.1-2.11	Sl 49

PLANO DE LEITURA DA BÍBLIA

DIA 141: At 27.1-12, 1Sm 2.12-2.36, Sl 50	DIA 142: At 27.13-44, 1Sm 3, Sl 51	DIA 143: At 28.1-15, 1Sm 4-5, Sl 52	DIA 144: At 28.16-31, 1Sm 6-7, Sl 53	DIA 145: Rm 1.1-15, 1Sm 8, Sl 54
DIA 146: Rm 1.16-32, 1Sm 9.1-10.16, Sl 55	DIA 147: Rm 2.1-3.8, 1Sm 10.17-11.15, Sl 56	DIA 148: Rm 3.9-31, 1Sm 12, Sl 57	DIA 149: Rm 4, 1Sm 13, Sl 58	DIA 150: Rm 5, 1Sm 14, Sl 59
DIA 151: Rm 6, 1Sm 15, Sl 60	DIA 152: Rm 7, 1Sm 16, Sl 61	DIA 153: Rm 8, 1Sm 17.1-54, Sl 62	DIA 154: Rm 9.1-29, 1Sm 17.55-18.30, Sl 63	DIA 155: Rm 9.30-10.21, 1Sm 19, Sl 64
DIA 156: Rm 11.1-24, 1Sm 20, Sl 65	DIA 157: Rm 11.25-36, 1Sm 21-22, Sl 66	DIA 158: Rm 12, 1Sm 23-24, Sl 67	DIA 159: Rm 13, 1Sm 25, Sl 68	DIA 160: Rm 14, 1Sm 26, Sl 69
DIA 161: Rm 15.1-13, 1Sm 27-28, Sl 70	DIA 162: Rm 15.14-33, 1Sm 29-31, Sl 71	DIA 163: Rm 16, 2Sm 1, Sl 72	DIA 164: Mc 1.1-20, 2Sm 2.1-3.1, Dn 1	DIA 165: Mc 1.21-45, 2Sm 3.2-39, Dn 2.1-23
DIA 166: Mc 2, 2Sm 4-5, Dn 2.24-49	DIA 167: Mc 3.1-19, 2Sm 6, Dn 3	DIA 168: Mc 3.20-35, 2Sm 7-8, Dn 4	DIA 169: Mc 4.1-20, 2Sm 9-10, Dn 5	DIA 170: Mc 4.21-41, 2Sm 11-12, Dn 6
DIA 171: Mc 5.1-20, 2Sm 13, Dn 7	DIA 172: Mc 5.21-43, 2Sm 14, Dn 8	DIA 173: Mc 6.1-29, 2Sm 15, Dn 9	DIA 174: Mc 6.30-56, 2Sm 16, Dn 10.1-11.2	DIA 175: Mc 7.1-13, 2Sm 17, Dn 11.2-20
DIA 176: Mc 7.14-37, 2Sm 18, Dn 11.21-45	DIA 177: Mc 8.1-21, 2Sm 19, Dn 12	DIA 178: Mc 8.22-9.1, 2Sm 20-21, Os 1.1-2.1	DIA 179: Mc 9.2-50, 2Sm 22, Os 2.2-23	DIA 180: Mc 10.1-31, 2Sm 23, Os 3
DIA 181: Mc 10.32-52, 2Sm 24, Os 4.1-10	DIA 182: Mc 11.1-14, 1Rs 1, Os 4.11-5.3	DIA 183: Mc 11.15-33, 1Rs 2, Os 5.4-15	DIA 184: Mc 12.1-27, 1Rs 3, Os 6.1-7.2	DIA 185: Mc 12.28-44, 1Rs 4-5, Os 7.3-16
DIA 186: Mc 13.1-13, 1Rs 6, Os 8	DIA 187: Mc 13.14-37, 1Rs 7, Os 9.1-16	DIA 188: Mc 14.1-31, 1Rs 8 Os 9.17-10.15	DIA 189: Mc 14.32-72, 1Rs 9, Os 11.1-11	DIA 190: Mc 15.1-20, 1Rs 10, Os 11.12-12.14

PLANO DE LEITURA DA BÍBLIA

DIA 191: Mc 15.21-47; 1Rs 11; Os 13	DIA 192: Mc 16; 1Rs 12.1-31; Os 14	DIA 193: 1Co 1.1-17; 1Rs 12.32-13.34; Jl 1	DIA 194: 1Co 1.18-31; 1Rs 14; Jl 2.1-11	DIA 195: 1Co 2 1Rs 15.1-32; Jl 2.12-32
DIA 196: 1Co 3; 1Rs 15.33-16.34; Jl 3	DIA 197: 1Co 4; 1Rs 17; Am 1	DIA 198: 1Co 5; 1Rs 18; Am 2.1-3.2	DIA 199: 1Co 6; 1Rs 19; Am 3.3-4.3	DIA 200: 1Co 7.1-24; 1Rs 20; Am 4.4-13
DIA 201: 1Co 7.25-40; 1Rs 21; Am 5	DIA 202: 1Co 8; 1Rs 22; Am 6	DIA 203: 1Co 9; 2Rs 1-2; Am 7	DIA 204: 1Co 10; 2Rs 3; Am 8	DIA 205: 1Co 11.1-16; 2Rs 4; Am 9
DIA 206: 1Co 11.17-34; 2Rs 5; Ob	DIA 207: 1Co 12; 2Rs 6.1-7.2; Jn 1	DIA 208: 1Co 13; 2Rs 7.3-20; Jn 2	DIA 209: 1Co 14.1-25; 2Rs 8; Jn 3	DIA 210: 1Co 14.26-40; 2Rs 9; Jn 4
DIA 211: 1Co 15.1-34; 2Rs 10; Mq 1	DIA 212: 1Co 15.35-58; 2Rs 11; Mq 2	DIA 213: 1Co 16; 2Rs 12-13; Mq 3	DIA 214: 2Co 1.1-2.4; 2Rs 14; Mq 4.1-5.1	DIA 215: 2Co 2.5-3.18; 2Rs 15-16; Mq 5.2-15
DIA 216: 2Co 4.1-5.10; 2Rs 17; Mq 6	DIA 217: 2Co 5.11-6.13; 2Rs 18; Mq 7	DIA 218: 2Co 6.14-7.16; 2Rs 19; Na 1	DIA 219: 2Co 8; 2Rs 20-21; Na 2	DIA 220: 2Co 9; 2Rs 22.1-23.34; Na 3
DIA 221: 2Co 10; 2Rs 23.35-24.20; Hc 1	DIA 222: 2Co 11; 2Rs 25; Hc 2	DIA 223: 2Co 12; 1Cr 1-2; Hc 3	DIA 224: 2Co 13; 1Cr 3-4; Sf 1	DIA 225: Jo 1.1-18; 1Cr 5-6; Sf 2
DIA 226: Jo 1.19-34; 1Cr 7-8; Sf 3	DIA 227: Jo 1.35-51; 1Cr 9; Ag 1-2	DIA 228: Jo 2; 1Cr 10-11; Zc 1	DIA 229: Jo 3.1-21; 1Cr 12; Zc 2	DIA 230: Jo 3.22-36; 1Cr 13-14; Zc 3
DIA 231: Jo 4.1-26; 1Cr 15.1-16.7; Zc 4	DIA 232: Jo 4.27-42; 1Cr 16.8-43; Zc 5	DIA 233: Jo 4.43-54; 1Cr 17; Zc 6	DIA 234: Jo 5.1-18; 1Cr 18-19; Zc 7	DIA 235: Jo 5.19-47; 1Cr 20-21; Zc 8
DIA 236: Jo 6.1-24; 1Cr 22-23; Zc 9	DIA 237: Jo 6.25-59; 1Cr 24; Zc 10	DIA 238: Jo 6.60-71; 1Cr 25-26; Zc 11	DIA 239: Jo 7.1-24; 1Cr 27-28; Zc 12	DIA 240: Jo 7.25-52; 1Cr 29; Zc 13

PLANO DE LEITURA DA BÍBLIA

DIA 241	Jo 8.1-20 2Cr 1.1-2.16 Zc 14
DIA 242	Jo 8.21-47 2Cr 2.17-5.1 Ml 1.1-2.9
DIA 243	Jo 8.48-59 2Cr 5.2-14 Ml 2.10-16
DIA 244	Jo 9.1-23 2Cr 6 Ml 2.17-3.18
DIA 245	Jo 9.24-41 2Cr 7 Ml 4
DIA 246	Jo 10.1-21 2Cr 8 Sl 73
DIA 247	Jo 10.22-42 2Cr 9 Sl 74
DIA 248	Jo 11.1-27 2Cr 10-11 Sl 75
DIA 249	Jo 11.28-57 2Cr 12-13 Sl 76
DIA 250	Jo 12.1-26 2Cr 14-15 Sl 77
DIA 251	Jo 12.27-50 2Cr 16-17 Sl 78.1-20
DIA 252	Jo 13.1-20 2Cr 18 Sl 78.21-37
DIA 253	Jo 13.21-38 2Cr 19 Sl 78.38-55
DIA 254	Jo 14.1-14 2Cr 20.1-21.1 Sl 78.56-72
DIA 255	Jo 14.15-31 2Cr 21.2-22.12 Sl 79
DIA 256	Jo 15.1-16.4 2Cr 23 Sl 80
DIA 257	Jo 16.4-33 2Cr 24 Sl 81
DIA 258	Jo 17 2Cr 25 Sl 82
DIA 259	Jo 18.1-18 2Cr 26 Sl 83
DIA 260	Jo 18.19-38 2Cr 27-28 Sl 84
DIA 261	Jo 18.38-19.16 2Cr 29 Sl 85
DIA 262	Jo 19.16-42 2Cr 30 Sl 86
DIA 263	Jo 20.1-18 2Cr 31 Sl 87
DIA 264	Jo 20.19-31 2Cr 32 Sl 88
DIA 265	Jo 21 2Cr 33 Sl 89.1-18
DIA 266	1Jo 1 2Cr 34 Sl 89.19-37
DIA 267	1Jo 2 2Cr 35 Sl 89.38-52
DIA 268	1Jo 3 2Cr 36 Sl 90
DIA 269	1Jo 4 Ed 1-2 Sl 91
DIA 270	1Jo 5 Ed 3-4 Sl 92
DIA 271	2Jo Ed 5-6 Sl 93
DIA 272	3Jo Ed 7-8 Sl 94
DIA 273	Jd Ed 9-10 Sl 95
DIA 274	Ap 1 Ne 1-2 Sl 96
DIA 275	Ap 2 Ne 3 Sl 97
DIA 276	Ap 3 Ne 4 Sl 98
DIA 277	Ap 4 Ne 5.1-7.3 Sl 99
DIA 278	Ap 5 Ne 7.4-8.12 Sl 100
DIA 279	Ap 6 Ne 8.13-9.37 Sl 101
DIA 280	Ap 7 Ne 9.38-10.39 Sl 102
DIA 281	Ap 8 Ne 11 Sl 103
DIA 282	Ap 9 Ne 12 Sl 104.1-23
DIA 283	Ap 10 Ne 13 Sl 104.24-35
DIA 284	Ap 11 Et 1 Sl 105.1-25
DIA 285	Ap 12 Et 2 Sl 105.26-45
DIA 286	Ap 13 Et 3-4 Sl 106.1-23
DIA 287	Ap 14 Et 5.1-6.13 Sl 106.24-48
DIA 288	Ap 15 Et 6.14-8.17 Sl 107.1-22
DIA 289	Ap 16 Et 9-10 Sl 107.23-43
DIA 290	Ap 17 Is 1-2 Sl 108

PLANO DE LEITURA DA BÍBLIA

DIA 291 Ap 18 Is 3-4 Sl 109.1-19	DIA 292 Ap 19 Is 5-6 Sl 109.20-31	DIA 293 Ap 20 Is 7-8 Sl 110	DIA 294 Ap 21-22 Is 9-10 Sl 111	DIA 295 1Ts 1 Is 11-13 Sl 112
DIA 296 1Ts 2.1-16 Is 14-16 Sl 113	DIA 297 1Ts 2.17-3.13 Is 17-19 Sl 114	DIA 298 1Ts 4 Is 20-22 Sl 115	DIA 299 1Ts 5 Is 23-24 Sl 116	DIA 300 2Ts 1 Is 25-26 Sl 117
DIA 301 2Ts 2 Is 27-28 Sl 118	DIA 302 2Ts 3 Is 29-30 Sl 119.1-32	DIA 303 1Tm 1 Is 31-33 Sl 119.33-64	DIA 304 1Tm 2 Is 34-35 Sl 119.65-96	DIA 305 1Tm 3 Is 36-37 Sl 119.97-120
DIA 306 1Tm 4 Is 38-39 Sl 119.121-144	DIA 307 1Tm 5.1-20 Jr 1-2 Sl 119.145-176	DIA 308 1Tm 5.21-6.21 Jr 3-4 Sl 120	DIA 309 2Tm 1 Jr 5-6 Sl 121	DIA 310 2Tm 2 Jr 7.1-8.17 Sl 122
DIA 311 2Tm 3 Jr 8.18-10.25 Sl 123	DIA 312 2Tm 4 Jr 11-12 Sl 124	DIA 313 Tt 1 Jr 13-15 Sl 125	DIA 314 Tt 2 Jr 16 Sl 126	DIA 315 Tt 3 Jr 17-18 Sl 127
DIA 316 Fm Jr 19-20 Sl 128	DIA 317 Tg 1 Jr 21-22 Sl 129	DIA 318 Tg 2 Jr 23-24 Sl 130	DIA 319 Tg 3 Jr 25-26 Sl 131	DIA 320 Tg 4 Jr 27-28 Sl 132
DIA 321 Tg 5 Jr 29-30 Sl 133	DIA 322 1Pe 1 Jr 31-32 Sl 134	DIA 323 1Pe 2 Jr 33-34 Sl 135	DIA 324 1Pe 3 Jr 35-36 Sl 136	DIA 325 1Pe 4 Jr 37-38 Sl 137
DIA 326 1Pe 5 Jr 39-40 Sl 138	DIA 327 2Pe 1 Jr 41-42 Sl 139	DIA 328 2Pe 2 Jr 43-44 Sl 140	DIA 329 2Pe 3 Jr 45-46 Sl 141	DIA 330 Gl 1 Jr 47-48 Sl 142
DIA 331 Gl 2 Jr 49-50 Sl 143	DIA 332 Gl 3.1-20 Jr 51-52 Sl 144	DIA 333 Gl 3.21-4.20 Lm 1-2 Sl 145	DIA 334 Gl 4.21-31 Lm 3-4 Sl 146	DIA 335 Gl 5.1-15 Lm 5 Sl 147
DIA 336 Gl 5.16-26 Ez 1 Sl 148	DIA 337 Gl 6 Ez 2-3 Sl 149	DIA 338 Ef 1 Ez 4-5 Sl 150	DIA 339 Ef 2 Ez 6-7 Is 40	DIA 340 Ef 3 Ez 8-9 Is 41

PLANO DE LEITURA DA BÍBLIA

DIA 341 Ef 4.1-17 Ez 10-11 Is 42	DIA 342 Ef 4.17-32 Ez 12-13 Is 43	DIA 343 Ef 5.1-20 Ez 14-15 Is 44	DIA 344 Ef 5.21-33 Ez 16 Is 45	DIA 345 Ef 6 Ez 17 Is 46
DIA 346 Fp 1.1-11 Ez 18 Is 47	DIA 347 Fp 1.12-30 Ez 19 Is 48	DIA 348 Fp 2.1-11 Ez 20 Is 49	DIA 349 Fp 2.12-30 Ez 21-22 Is 50	DIA 350 Fp 3 Ez 23 Is 51
DIA 351 Fp 4 Ez 24 Is 52	DIA 352 Cl 1.1-23 Ez 25-26 Is 53	DIA 353 Cl 1.24-2.19 Ez 27-28 Is 54	DIA 354 Cl 2.20-3.17 Ez 29-30 Is 55	DIA 355 Cl 3.18-4.18 Ez 31-32 Is 56
DIA 356 Lc 1.1-25 Ez 33 Is 57	DIA 357 Lc 1.26-56 Ez 34 Is 58	DIA 358 Lc 1.57-80 Ez 35-36 Is 59	DIA 359 Lc 2.1-20 Ez 37 Is 60	DIA 360 Lc 2.21-52 Ez 38-39 Is 61
DIA 361 Lc 3.1-20 Ez 40-41 Is 62	DIA 362 Lc 3.21-38 Ez 42-43 Is 63	DIA 363 Lc 4.1-30 Ez 44-45 Is 64	DIA 364 Lc 4.31-44 Ez 46-47 Is 65	DIA 365 Lc 5.1-26 Ez 48 Is 66

A tua palavra é lâmpada que ilumina os meus passos e luz que clareia o meu caminho.

Salmos 119:105

INDICAÇÃO DE LEITURA

	TÍTULO - AUTOR
MULHER	• *Jesus, Justiça e papéis de gênero*, Kathy Keller • *A primeira-dama da Reforma*, Ruth Tucker • *Mulher, cristã e bem-sucedida*, Carolyn McCulley • *O que é uma família?*, Edith Shaeffer • *Livre, leve e forte*, Luiza Agreste Nazareth
DEVOCIONAL	• *Como orar*, C. S. Lewis • *O lugar da espera na vida cristã*, Vanessa Belmonte • *Salmos*, N. T. Wright • *Lecionário*, Daniel Vieira e Pedro Carvalho • *Forte*, Lisa Bevere
RELACIONAMENTO	• *Na riqueza e na pobreza*, Christovam Bluhm Jr. • *O significado do casamento*, Timothy Keller • *Os quatro amores*, C.S. Lewis • *J.R.R. Tolkien e C.S. Lewis: O dom da amizade*, Colin Duriez • *Vida em comunhão*, Dietrich Bonhoeffer
MATERNIDADE	• *Pais amorosos, filhos felizes*, Jeannie Cunnion • *Não me faça contar até três*, Ginger Plowman • *Instruindo o coração da criança*, Tedd e Margy Tripp • *Sem tempo para Deus*, Gloria Furman • *Sabedoria digital para a família*, Andy Crouch
AJUDA DO ALTO	• *Na estrada com Agostinho*, James K. Smith • *Liturgia do ordinário*, Tish H. Warren • *Tudo bem não estar bem*, Sheila Walsh • *Ego transformado*, Timothy Keller • *Mulher de oração*, Sheila Walsh
ESTUDOS	• *Cristianismo puro e simples*, C. S. Lewis • *Você é aquilo que ama*, J. K. Smith • *O drama das Escrituras*, Craig G. Bartolomew e Michael W. Goheen • *Como ser cristão*, C. S. Lewis • *Inteligência pra quê?*, Pedro Dulci

"Acima de tudo, amem-se uns aos outros como se sua vida dependesse disso! O amor compensa todas as coisas. Seja rápida em dar uma refeição a um faminto, uma cama para um sem teto — faça isso com alegria. Seja generosa com as coisas que Deus lhe dá, compartilhando com todos ao redor; se são palavras, que seja a palavra de Deus, se ajuda, que seja saudável ajuda de Deus. Desse modo, a presença brilhante de Deus será evidente em tudo! Amém!"

1Pedro 4:8-11 (A Mensagem)

A VIDA EM FAMÍLIA, as amizades, os relacionamentos amorosos, as relações de trabalho ou faculdade... Todas essas ligações são oportunidades para estender o amor de Cristo a quem está ao seu redor. Abasteça-se do amor de Deus a ponto de transbordar e alcançar a quem estiver por perto.

Há diversas maneiras de se relacionar e demonstrar amor no dia a dia. Você pode, por exemplo, servir e amar através de:

MARMITINHAS EMBALADAS COM CARINHO - Ofereça um bolo para a vizinha que está passando por dificuldades. Asse um pão e prepare refeições para uma família em situação de desemprego. Faça biscoitos para quem, de alguma forma, apoia você e sua família (carteiro, porteiro, diarista etc.). Prepare quitutes para a amiga em difícil situação financeira que não pode escolher algo saboroso na padaria. O pacote, além de decorado e recheado, pode levar uma nota carinhosa com palavras de encorajamento e um versículo da Bíblia.

PALAVRAS CERTAS DE INCENTIVO - Palavras certas no momento certo podem esclarecer a uma pessoa o propósito de sua vida. Palavras de encorajamento para um coração ferido e desanimado podem mudar o rumo de uma vida. Podemos ser instrumentos de Deus para construir confiança e segurança em uma vida marcada pela decepção. Diga palavras encorajadoras, incentive. Agradeça por pequenos detalhes e atitudes. Mostre às pessoas que elas são amadas e queridas. Compartilhe sua história de vida com elas.

AÇÕES INTENCIONAIS DE APOIO - Com o coração cheio de compaixão, precisamos repensar nossas atitudes e perguntar a nós mesmas: o que posso fazer para ajudar? O que posso fazer no dia a dia para amenizar as dificuldades do outro? É possível, por exemplo, auxiliar uma mãe que você nem conhece, mas que foi ao mercado com o filho que tem deficiência e precisa carregar a criança, a bolsa, a cadeira de rodas e as sacolas de compras ao mesmo tempo.

Você não tem que ser uma palestrante, terapeuta, ou líder de um famoso ministério para fazer a diferença na vida de outra pessoa. Basta ter os olhos abertos para enxergá-la e, sem pedras, fazer uma leitura do que ela vivencia.

Você não precisa ter todas as respostas. Basta mostrar que se importa e está lá!

ESTILO DE VIDA - Amar é um mandamento: "Um novo mandamento lhes dou: Amem-se uns aos outros. Como eu os amei, vocês devem amar-se uns aos outros" (João 13:34). Como filhas, nós escolhemos obedecer e decidimos praticar o amor. Isso diz respeito às nossas atitudes, nossas ações; o amor não depende de sentimentos e não dá espaço para julgamentos. Mas amar é também uma consequência da vida de quem está em Cristo. Se estamos nele e somos preenchidas pela presença dele em nós, a manifestação do amor é inevitável, torna-se parte de quem nós somos. "Quem ama a Deus, ame também seu irmão" (1João 4:21).

O "próximo" que devemos amar está naqueles com quem convivemos no dia a dia, seja a amiga, a colega de trabalho, a vizinha, a atendente do mercado ou aquela pessoa que chegou pela primeira vez à igreja e é tão diferente de você; ou, ainda, naquela pessoa que você não conhece, não está perto, mas a quem sua ajuda é capaz de chegar.

DISPONHA-SE A AMAR

Identifique as formas pelas quais você pode expressar o transbordamento do amor e da graça de Deus que se manifesta na sua vida todos os dias.

ATIVIDADES PARA FAZER COM QUEM VOCÊ GOSTA

OU MESMO SOZINHA!

- Tomar banho de mangueira
- Montar quebra-cabeça
- Balançar na rede
- Tomar banho de chuva
- Fazer cócegas
- Rever fotos de família
- Construir um forte ou uma cabana com lençóis, sofás e almofadas
- Enviar uma carta de gratidão para alguém que a influenciou em algum momento da vida
- Fazer e comer bolinho de chuva
- Beber um chocolate quente ou um *cappuccino* caseiro bem caprichado
- Soprar bolinhas de sabão em um gramado grande
- Cantar e dançar livremente (sem público)
- Escorregar em um barranco gramado, usando papelão como assento
- Cantar ao pé do ouvido
- Passar horas em uma grande e aconchegante biblioteca
- Passear na feira e finalizar comendo pastel
- Brincar em um balanço
- Andar de pedalinho
- Brincar com a luz da lanterna em uma noite escura
- Fazer um piquenique caprichado
- Fazer massinha caseira
- Confeccionar fantoches com meias e alguns apetrechos
- Tirar fotos engraçadas
- Escrever uma carta para um amigo e enviar pelo correio
- Acampar (vale no quintal)
- Decorar cupcakes
- Brincar muito com seu animal de estimação até ele se cansar
- Preparar um jantar especial
- Montar uma caça ao tesouro
- Cozinhar algo gostoso
- Assistir a um filme antigo
- Ir a uma sorveteria *self-service* e montar um sorvete divertido
- Assistir a todos os episódios de uma série antiga
- Escorregar em um tobogã
- Apanhar fruta no pé
- Viajar durante o final de semana para uma cidade próxima
- Levar doações e fazer companhia para pessoas em instituições e abrigos

UMA FAMÍLIA INTENCIONAL

VOCÊ JÁ PAROU PARA PENSAR sobre qual é a missão da sua família? Pode ser sua família de sangue ou seus amigos mais próximos, todas as pessoas que fazem parte do seu cotidiano.

Além dos objetivos pessoais nos estudos e na carreira, por exemplo, quais são as características, habilidades, necessidades, interesses e projeto de vida que vocês têm juntos, enquanto família?

Há famílias, por exemplo, que estão focadas em desenvolver um relacionamento entre os próprios membros (pai/mãe/filhos). Nesse caso, a missão dessa família é basicamente fortalecer o relacionamento entre seus membros e aquele que o grupo tem com Deus, de modo que todas as atividades que planejam, tanto dentro quanto fora de casa, giram em torno desse objetivo. Uma maneira de fazer isso é iniciar um curso de música, todos ao mesmo tempo: cada um escolhe um instrumento, e a família ensaia em casa.

Já outras famílias são voltadas a servir ao próximo. É possível fazer isso ao acolher os mais diferentes tipos de pessoas em seu lar para reuniões de estudo bíblico, jantares e cafés, ou criando oportunidade de crianças brincarem juntas ou de mulheres conversarem sobre assuntos diversos de maneira informal. Ou seja, elas abrem suas casas e seus corações para que mais e mais pessoas possam se encontrar e conviver em harmonia.

Também dá para realizar em sua casa reuniões especiais, geralmente para pessoas que estão enfrentando dificuldades emocionais e/ou financeiras bem significativas. Nesses encontros, as pessoas são confortadas com uma bela refeição e um acolhimento que aquece o coração. Essas reuniões não precisam ser frequentes, mas, quando acontecerem, devem ser muito especiais.

Algumas famílias optam, ainda, por sustentar missionários financeiramente e recebê-los para passar alguns dias de descanso em suas casas, oferecendo um lugar de refrigério e cuidados para com aqueles que levam a mensagem do evangelho para locais distantes e, muitas vezes, áridos.

Percebe como cada família pode desenvolver um estilo próprio, ao agrupar os dons e personalidade de todos os seus membros, interesses e bens? Consegue ver o quanto A MISSÃO DA NOSSA CASA PODE SER SIGNIFICATIVA QUANDO SOMOS INTENCIONAIS NAQUILO QUE FAZEMOS e agimos como um grupo, como parceiros que foram escolhidos por Deus para estarem juntos e cumprirem com um propósito enquanto família?

Declarar a missão da família e do lar é como elaborar um projeto ou planejamento. É preciso pensar sobre a identidade de cada indivíduo e a identidade do grupo, suas habilidades, dons e saberes, interesses, estilo de vida e objetivos.

RESPONDA A ESSAS PERGUNTAS:

1. Quem são os envolvido?
2. O que queremos a cada dia?
3. Como vamos atingir os objetivos?
4. Qual é o propósito final?

Trata-se de uma reflexão que inclui valores, princípios e crenças da família. Diz respeito à identidade e ao propósito do conjunto familiar.

Reúna a família, converse sobre isso e, juntos, montem a missão da sua própria casa. É possível que vocês entendam o motivo de gostarem de fazer coisas que vocês já fazem e ainda descubram como atingir alguns objetivos e desejos que estão anestesiados no coração — quem sabe, desejos em comum, mas que nunca foram abordados em família.

VALE LEMBRAR

Como em todo plano, sempre é bom reler e avaliar se realmente estamos cumprindo com nossa missão!

HÁ VÁRIA ATIVIDADES COTIDIANAS que fazemos automaticamente, seja porque alguém nos ensinou, seja porque em algum momento da vida aprendemos sobre sua necessidade e importância. Acabamos nos acostumando tanto a lavar a roupa, tirar o lixo, arrumar os quartos ou cozinhar que começamos a fazer isso até mesmo para quem não precisa. Se você é mãe, já parou para pensar no que seus filhos já são capazes de fazer sozinhos?

É necessário entender que quando assumimos para nós, mães, responsabilidades que deveríamos ensinar para os filhos, além de ficarmos sobrecarregadas, estamos negando a eles o direito de desenvolver bons hábitos e habilidades para serem adultos responsáveis.

Mais do que a realização da tarefa em si, isso diz respeito à inclusão da criança como sujeito participativo do ambiente em que vive. Assim, é possível conectar todos os membros da família, ajudando a criança a desenvolver habilidades da vida prática cotidiana, motoras e conceituais, além de ter experiências que vão gerar nos filhos o sentimento de estar incluídos na vida dos pais.

É claro que para todas as coisas há o seu tempo. Cada criança tem um ritmo de desenvolvimento, bem como habilidades que lhe são próprias, podendo apresentar diferentes graus de maturidade, se comparada com outras crianças da mesma idade.

Por isso, é importante pensar: dentro da faixa etária e de desenvolvimento do seu filho, o que ele pode realizar com facilidade, o que é um desafio adequado para ele e em que atividades ele precisa da sua contribuição?

LEMBRE-SE

QUEM ESTÁ APRENDENDO PRECISA VER COMO SE FAZ, FAZER JUNTO COM QUEM ENSINA, SER SUPERVISIONADO ENQUANTO FAZ SOZINHO, FAZER SOZINHO E SER INCENTIVADO.

Crianças precisam ser ensinadas. Não podemos exigir que elas saibam fazer, se ainda nem mostramos como é que se faz. Então, MOSTRE COMO FAZER!

Os filhos estão em fase de aprendizado, então você precisará FAZER JUNTO com eles (muitas e muitas vezes, se necessário!) até que haja experiência, aprendizado e desenvolvimento da habilidade em questão.

Os filhos são reais (lembre-se, isso não é um conto de fadas!). Cada um com sua experiência de vida, idade, fase de desenvolvimento, nível de maturidade... Não exija perfeição e seja moderada, mas também não subestime o que seus filhos são capazes de fazer. MANTENHA O EQUILÍBRIO E SEJA SÁBIA.

Eles são únicos e aprendem uns com os outros (e isso pode ser muito mais divertido!). Encoraje o trabalho entre irmãos (se houver). FAÇA EQUIPES DE TRABALHO e lembre-se de não fazer comparações.

Eles precisam de exemplo e de incentivo. Não adianta querer ensinar sobre bons hábitos e valores usando de grosseria, rabugice e reclamações. ELOGIE CADA ESFORÇO e mostre o quanto eles avançam no desenvolvimento de cada atividade à medida que ganham experiência.

Eles precisam se sentir seguros, capazes e confiantes. PERMITA QUE FAÇAM SOZINHOS quando eles se sentirem preparados. E lembre-se: esteja preparada para o resultado, seja ele qual for.

Para ajudá-la, veja nas páginas a seguir sugestões de diferentes tarefas apropriadas para crianças. Em "8 HÁBITOS SAUDÁVEIS PARA CRIANÇAS", você encontrará tarefas de higiene e cuidados pessoais e para com seus pertences. Esses hábitos podem ser incentivados, de modo geral, desde a mais tenra idade, iniciando com atividades bem simples dentro de cada item, que podem progredir para as mais complexas e completas, conforme idade e grau de desenvolvimento. São oito responsabilidades que podem ser delegadas aos filhos todos os dias, a fim de criar hábitos saudáveis e importantes para o desenvolvimento pessoal.

Já em "TAREFAS APROPRIADAS PARA CADA FAIXA ETÁRIA", você encontrará indicações de atividades que dizem respeito a limpeza e organização do ambiente familiar. A tabela apresentada é apenas uma sugestão, que deve ser adequada com base no que você observa como possibilidades para seu filho. Embora em cada faixa etária seja possível fazer várias atividades, a ideia não é que a criança faça a lista toda, todos os dias. São apenas algumas diretrizes e, dentro da sua percepção materna, você poderá selecionar quais, quantas e com que frequência seu filho vai realizá-las.

Os filhos são
herança do Senhor,
uma recompensa
que ele dá.

Salmos 127:3

8 HÁBITOS SAUDÁVEIS PARA CRIANÇAS

CUIDADOS PESSOAIS

1 CUIDAR DA PRÓPRIA HIGIENE - Lavar o rosto. Pentear o cabelo. Escovar os dentes. Tomar banho.

CASA E FAMÍLIA

2 ARRUMAR A CAMA - Guardar o pijama. Afofar o travesseiro. Esticar os lençóis e a colcha.

3 TIRAR UTENSÍLIOS DA MESA - Prato, copo, guardanapo, talheres... jogar os restos de comida no lixo, retirar da mesa e organizar os próprios utensílios na pia ou na máquina lava-louças.

Oferecer-se para fazer o mesmo para outras pessoas é uma gentileza.

4 ORGANIZAR O BANHEIRO APÓS O USO - Estender a toalha. Colocar a roupa no cesto. Deixar frascos, sabonete e demais utensílios em seus lugares.

5 ORGANIZAR PERTENCES - Sempre que terminar de usar algo, guardar no devido lugar: tênis, brinquedos, eletrônicos, roupas, material escolar, copos etc.

6 CUIDADOS COM O ANIMAL DE ESTIMAÇÃO - Alimentar. Passear. Limpar o local reservado para ele.

ESCOLA

7 FAZER A LIÇÃO DE CASA - Completar as lições. Rever o conteúdo do dia de aula. Estudar para as provas da semana.

8 ORGANIZAR O MATERIAL NA MOCHILA - Revisar a organização do estojo e a necessidade de reposição de material. Verificar recados na agenda. Organizar material para a aula do dia seguinte.

TAREFAS APROPRIADAS PARA CADA FAIXA ETÁRIA

DE 2 A 3 ANOS

- Ajudar a colocar a própria roupa no cesto de roupas para lavar
- Ajudar a separar roupas por cores na lavanderia
- Guardar os brinquedos em caixas ou cestas
- Tirar o prato da mesa e colocar na pia
- Ajudar a guardar algumas peças da louça lavada (talheres, potes plásticos)
- Ajudar a guardar produtos na despensa
- Guardar os próprios sapatos
- Ajudar na arrumação de objetos fora do lugar (com orientação)
- Molhar as plantas

DE 4 A 5 ANOS

- Todas as atividades da tabela anterior
- Ajudar a arrumar a mesa do jantar
- Ajudar a arrumar a cama
- Ajudar com as sacolas de compras do mercado
- Dobrar panos de prato
- Ajudar a tirar o pó dos móveis
- Guardar algumas peças de roupa lavada (meias, peças íntimas)
- Lavar legumes e frutas

DE 6 A 7 ANOS

- Todas as atividades das tabelas anteriores
- Arrumar a cama sozinho
- Dobrar a roupa com ajuda
- Tirar o pó dos móveis
- Esvaziar os lixos
- Ajudar a fazer a compra de mercado/hortifruti

DE 8 A 9 ANOS

- Todas as atividades das tabelas anteriores
- Preparar lanches simples
- Arrumar a mesa para o jantar
- Lavar o próprio prato/talher/copo
- Colocar e tirar as roupas do varal de chão
- Ajudar a cuidar do jardim

DE 10 A 11 ANOS

- Todas as atividades das tabelas anteriores
- Lavar a louça
- Dobrar a roupa do varal
- Varrer o quintal
- Ajudar a limpar o carro
- Levar o lixo para fora
- Arrumar as próprias gavetas e armários

DE 12 A 14 ANOS

- Todas as atividades das tabelas anteriores
- Preparar refeições simples
- Cuidar da limpeza do próprio quarto
- Trocar a roupa de cama
- Varrer ou passar aspirador de pó na casa (ou em alguns cômodos)
- Limpar o banheiro
- Limpar janelas e portas

A PARTIR DE 15 ANOS

- A partir desta idade, é bem possível que a criança que tenha passado por todas as etapas esteja preparada para fazer todas as atividades sem supervisão, com independência e iniciativa própria. Ainda assim, sua presença e incentivo continuam a ser importantes.

EU E A MINHA CASA

NOSSA CASA REFLETE MUITO DO QUE SOMOS, sentimos e escolhemos fazer com nossos sentimentos. Ela pode ser um retrato de nossas habilidades, princípios e amor. Também pode ser um retrato das nossas frustrações, indiferenças e descontentamentos.

Talvez você more em um pequeno apartamento. Talvez more em um cômodo alugado ou emprestado. Talvez more em uma mansão. Independentemente do local, quem sabe o seu pensamento seja sempre o mesmo: "Não tenho a casa dos meus sonhos!" Assim, você age com descuido e desprezo, esperando "o melhor" chegar para começar a cuidar.

LEMBRE-SE

SOMOS ADMINISTRADORAS DE TUDO O QUE ESTÁ EM NOSSAS MÃOS E A FIDELIDADE NAS "PEQUENAS COISAS" NOS QUALIFICA PARA O CUIDADO DAS "GRANDES COISAS".

Não importa se sua casa está cheia de móveis caros ou tem apenas o essencial, se você mora com os pais ou em uma república, a gratidão (ou ingratidão) por aquilo que está aos nossos cuidados transparece no modo como lidamos com esses bens, ainda que, por enquanto, eles sejam apenas a metade de um quarto dividido com a irmã ou uma colega de faculdade.

"Quem é fiel no pouco, também é fiel no muito, e quem é desonesto no pouco, também é desonesto no muito. Assim, se vocês não forem dignos de confiança em lidar com as riquezas deste mundo ímpio, quem lhes confiará a verdadeira riqueza?"

Lucas 16:10-11

Busque inspirações, e a natureza criadora de Deus que está em você se manifestará. Com pequenos toques de suas mãos, você pode deixar sua casa aconchegante, melhorar o ambiente em que vive e onde recebe seus entes queridos. Experimente seguir os próximos passos e surpreenda-se com as mudanças!

EU E A MINHA CASA

Nas próximas páginas você vai encontrar dicas de organização para casa e bem-estar. Aproveite, crie seu próprio plano e, acima de tudo, lembre-se de que TODAS AS COISAS SÃO FEITAS PARA O SENHOR, então faça o seu melhor!

1. SEJA GRATA - Habitue-se a deixar de lado a murmuração e o descontentamento. Continue trabalhando para a realização dos seus sonhos, mas sempre mantenha a gratidão em seu coração pelo que você tem hoje e demonstre-a em suas atitudes.

2. INSPIRE-SE - Visite bons sites. Veja boas revistas. Passeie por feiras de artesanato e lojas de decoração. Ainda que você não compre nada, pode ter muitas ideias novas. Fique atenta aos detalhes, descubra como se faz e arrisque-se!

3. COMPRE MENOS, USE MAIS - Antes de sair comprando coisas, olhe ao seu redor e avalie o que você já tem. O que pode ser reaproveitado? Às vezes, um objeto que está encostado e esquecido pode ganhar uma nova função de muito proveito. Uma coleção antiga de enciclopédia, que ninguém usa mais e você guarda como lembrança, pode transformar-se em uma mesinha de canto, apoiando um vasinho de flores, por exemplo. Invente e surpreenda-se.

4. FAÇA O SEU MELHOR - Faça o necessário e mais um pouco também! Não faça só o mínimo, mas o melhor que estiver ao seu alcance. Se vai arrumar a cama, deixe os lençóis bem esticadinhos e aproveite para guardar as roupas que estiverem pelo quarto. Se vai assar um pão, capriche nos ingredientes e experimente preparar o café também! Se vai imprimir um pôster para decorar seu ambiente, faça na melhor qualidade e tente colocá-lo numa moldura.

> Tudo o que fizerem, façam de todo o coração, como para o Senhor, e não para os homens.
>
> Colossenses 3:23

SUGESTÕES DE LIMPEZA DA CASA

SEGUNDA

COZINHA

- Geladeira e micro-ondas
- Balcão, pia e fogão
- Chão e azulejos

LAVANDERIA

- Toalhas de mesa, panos de prato e afins

TERÇA

BANHEIROS

- Troca de roupas de banho
- Pia e vaso sanitário
- Box e espelho
- Chão e azulejos

LAVANDERIA

- Roupas de banho

QUARTA

QUARTOS

- Troca de roupas de cama
- Chão
- Superfície dos móveis
- Organizar roupas, sapatos e acessórios

LAVANDERIA

- Roupas de cama

QUINTA

SALA

- Aspirar estofados e cortinas
- Chão
- Superfície dos móveis

LAVANDERIA

- Roupas claras

SEXTA

CASA TODA

- Organização geral
- Limpeza rápida
- Passar roupas

LAVANDERIA

- Roupas escuras

SÁBADO

ÁREA EXTERNA

- Garagem
- Jardim e quintal
- Carro

LAVANDERIA

- Tapetes, panos de limpeza e afins

DIARIAMENTE

- Arrumar a cama
- Organização geral
- Tirar o lixo
- Limpar o chão da cozinha
- Lavar a louça

OUTRAS TAREFAS

CHECKLIST DE LIMPEZA

ESTE CHECKLIST É UM MEIO DE ORIENTAÇÃO, A FORMA E A FREQUÊNCIA COM QUE VOCÊ VAI REALIZAR A LIMPEZA DEPENDERÁ DA SUA NECESSIDADE.

- Chão e paredes (incluindo atrás e embaixo dos móveis)
- Rodapés, cantos e teto
- Portas, batentes e maçanetas
- Aspirar frestas, cantos e pés dos móveis
- Lustres
- Ventiladores
- Abajures
- Interruptores
- Tapetes
- Cortinas
- Estofados (sofás e cadeiras)
- Almofadas, capas e mantas de sofá
- Cobertores, edredons e travesseiros
- Brinquedos
- Janelas
- Vidros e espelhos
- Colchão (limpeza + virá-lo)
- Aparelhos eletroeletrônicos (salas e quartos)
- Pisos e azulejos
- Chuveiros, torneiras e ralos
- Box e espelhos
- Superfície dos móveis
- Armários, gavetas e prateleiras
- Despensa
- Geladeira e freezer
- Fogão e forno
- Micro-ondas
- Cafeteira, air fryer e sanduicheira
- Liquidificador, batedeira e mixer
- Filtro de água
- Máquina lava-louças
- Máquina de lavar roupas e secadora
- Ferro de passar roupas
- Aspirador de pó
- Área externa
- Churrasqueira

SUGESTÕES PARA REFEIÇÕES CASEIRAS

SALADAS

- Agrião com mandioquinha
- Salpicão de frango defumado
- Batata e erva doce
- Feijão branco, rabanete e pepino

ARROZ

- Risoto (vários sabores)
- Árabe com carne moída
- De forno com legumes
- Carreteiro

LEGUMINOSAS

- Lentilha com cominho
- Grão de bico com calabresa
- Cassoulet
- Feijão com bacon e tomate

PEIXE

- Salmão agridoce
- Hamburguer de peixe
- Moqueca
- Bacalhau com natas

FRANGO

- Papilote de frango
- Assado com laranja e alecrim
- Sobrecoxa assada com erva doce
- Cubinhos de peito com gengibre

CARNES VERMELHAS

- Moída com vagem
- Fraldinha assada na cerveja
- Bife à parmegiana
- De panela desfiada com molho

PORCO

- Ragu de linguiça
- Bisteca com abacaxi grelhado
- Lombo assado com ervas
- Pernil desfiado na pressão

MASSA

- Nhoque de abóbora
- Orecchiette com ervilhas
- Fusilli com abobrinha grelhada
- Risoni com almondegas

LEGUMES

- Chuchu refogado com cominho
- Lasanha de berinjela
- Quiabo ao molho de tomate
- Assado misto de legumes

MAIS OPÇÕES

QUANTO TEMPO VOCÊ TEM?

AOS POUCOS, preencha as colunas com as tarefas que você pode cumprir quando, eventualmente, surgir tempo livre entre uma atividade e outra ao longo do dia. Desse modo, você aproveita o tempo para algo que realmente precisa ser feito e evita gastar muitos minutos se entretendo nas redes sociais ou pensando em como usar aqueles minutos livres. Seja intencional na administração do tempo que você tem!

Por exemplo: Entre as atividades programadas para o dia (buscar um filho na natação e levar o outro filho para a escola), hoje tenho 15 minutos livres, então posso... (olho minha lista) organizar a gaveta de meias.

15 MINUTOS	30 MINUTOS	45 MINUTOS

TRABALHO

QUEM EXERCE ALGUM TIPO DE ATIVIDADE remunerada, seja em casa ou em qualquer outro local, precisa investir muito de suas forças e de seu tempo no trabalho em questão. Não só porque ele é a fonte de renda que torna possíveis os outros afazeres, necessidades e desejos, mas porque queremos ser bem-sucedidas em tudo o que fazemos e muitas vezes temos prazer em realizar a atividade que escolhemos.

São oito, nove ou até mais horas do seu dia dedicadas ao trabalho. Talvez sua mesa no escritório pareça mais familiar que sua própria sala de estar! E geralmente não para por aí: ao encerrar o expediente, pode ser que você se depare com as tarefas domésticas que vão se acumulando e também não podem ser deixadas de lado. Parece cansativo?

Não importa se você trabalha dentro ou fora de casa, já deve ter percebido que, para não se perder nas atividades do dia a dia, existe um hábito essencial: organização. Pode parecer difícil, mas lembre-se "que tudo deve ser feito com decência e ordem" (1Coríntios 14:40).

Nas próximas páginas, você vai encontrar ferramentas para ajudá-la a planejar seus dias, estabelecer metas e aproveitar da melhor forma possível o tempo dedicado ao trabalho.

Aproveitar, preste atenção nessa palavra. Trabalhar nem sempre é uma questão de escolha, mas não é por isso que você vai deixar de desfrutar de bons momentos no trabalho ou na atividade exercida.

Talvez você tenha o emprego dos seus sonhos. Talvez trabalhe por conta própria. Talvez você não goste tanto assim do que faz agora e esteja em busca de algo melhor. Seja como for, é possível se sentir bem e tornar o dia de trabalho mais agradável e produtivo. Que tal tentar algo novo? Temos algumas sugestões:

PARA COMEÇAR

1. ORGANIZE SEUS COMPROMISSOS - Ela de novo, a organização. Liste seus afazeres classificando-os por importância e grau de dificuldade. Ter uma agenda torna mais fácil realizar todas as tarefas ou, no mínimo, descobrir por onde começar. Organizar-se também diminui o estresse e a ansiedade.

2. TENHA CUIDADO COM AS REDES SOCIAIS - Quem nunca abriu as redes sociais só para dar uma olhadinha e, quando conferiu o relógio, viu que mais de uma hora havia passado? Se preferir, desligue as notificações das redes sociais para se concentrar melhor. Deixe para ver quem curtiu sua foto ou deixou um comentário no seu post durante o intervalo.

3. RESERVE UM ESPAÇO E UM HORÁRIO DETERMINADOS PARA O TRABALHO - Se você trabalha em casa, sabe que às vezes a tentação de ficar de pijama e colocar o notebook no colo para trabalhar da cama é grande. Mas essa não é a maneira mais produtiva de fazer home office. Tenha um espaço limpo e organizado para trabalhar, sem grandes distrações em volta. Gerencie seus horários: o fato de não

ser obrigada a "bater cartão" não significa que você estará livre o tempo todo. Você vai ver que seu ritmo vai melhorar e o dia será mais produtivo.

4 APRENDA A DIZER "NÃO" - Ninguém consegue fazer tudo, então, não se preocupe em tentar. Conheça seus limites e não tenha medo de dizer "não" se for preciso. Tentar "abraçar o mundo" só vai deixá-la mais estressada e com mais pendências para serem resolvidas.

5 BUSQUE O EQUILÍBRIO ENTRE A VIDA PESSOAL E A VIDA PROFISSIONAL - Talvez você já tenha precisado levar trabalho para casa. E talvez também tenha lidado com questões pessoais durante o expediente. Nem sempre é fácil, mas tente manter um equilíbrio entre as atividades de cada área da vida. E lembre-se: no escritório, na fábrica, no hospital, na escola, em casa, seja onde for a sua atuação, faça tudo como sendo para o Senhor.

NÃO SE ESQUEÇA

Trabalhar melhor não significa trabalhar mais e fazer hora extra. É tirar o maior proveito possível do seu dia sem enlouquecer!

RODA DA VIDA

A RODA DA VIDA é um recurso que pode auxiliar você a avaliar diferentes aspectos da sua vida. Para direcionar a atenção aos pontos que são importantes, oferecemos um questionário de apoio, que deve ser respondido da forma mais fidedigna possível. Com o resultado em mãos, você terá a oportunidade de identificar os pontos positivos e aqueles que precisam de uma atuação intencional para melhorar, podendo então definir, nas próximas páginas, quais serão seus objetivos e as estratégias para alcançá-los. Atente-se para o fato de que a espiritualidade não é um fragmento, mas está presente na base de todas as áreas da sua vida.

Teste de identificação de como suas áreas de vida estão no momento presente, e como elas se relacionam com sua base espiritual. Utilize os seguintes critérios nas suas respostas:

• 0 - não possuo ou não faço • 1 - pouquíssimo • 2 - pouco • 3 - com frequência • 4 - muito • 5 - muitíssimo

SAÚDE FÍSICA — PONTUAÇÃO

1. Quanto tempo, frequência e disciplina você tem aplicado em atividades físicas saudáveis?. . . . . [ ]
2. Quão regular e restaurador é o seu período de sono diário?. . . . . [ ]
3. Quão moderada você é no consumo de alimentos processados industrialmente, *fast-foods*, refrigerantes, álcool e doces?. . . . . [ ]
4. Quanto de meditação, sabedoria e espiritualidade você busca e dedica no cuidado de seu corpo?. . . . . [ ]

MÉDIA. . . . . [ ]

SAÚDE INTELECTUAL — PONTUAÇÃO

1. Quanto tempo, nos últimos meses, você tem dedicado a leituras, pesquisas, ouvir podcasts ou assistir palestras sobre os mais variados assuntos?. . . . . [ ]
2. Quão atualizada e bem informada você está sobre os mais recentes eventos nacionais e internacionais?. . . . . [ ]
3. Quanto tempo e recursos financeiros você costuma investir no seu desenvolvimento intelectual?. . . . . [ ]
4. O quanto você tem investido, seja em tempo ou em dinheiro, no aprofundamento teórico de suas convicções espirituais?. . . . . [ ]

MÉDIA. . . . . [ ]

RODA DA VIDA

SAÚDE EMOCIONAL — PONTUAÇÃO

1. Quão emocionalmente equilibrada você consegue se manter em situações que lhe são geradoras de crise?.................................... [ ]
2. Quão resiliente frente a adversidades e frustrações você se considera ser?.................................... [ ]
3. Quão tranquilo e restaurador é seu padrão de sono em tempos de ansiedade?.................................... [ ]
4. Quanto contentamento, equilíbrio, gratidão e esperança sua convicção espiritual tem trazido a você na maior parte do tempo?.................................... [ ]

MÉDIA.................................... [ ]

SAÚDE PROFISSIONAL — PONTUAÇÃO

1. Quão satisfeita você está com sua carreira ou atuação profissional?.................................... [ ]
2. Quão motivador tem sido seu ambiente de atuação profissional atual?.................................... [ ]
3. Quão desejosa você está de crescer em sua carreira ou atuação profissional atuais?.................................... [ ]
4. Quão influente a sua fé tem sido na sua atuação profissional?.................................... [ ]

MÉDIA.................................... [ ]

SAÚDE FINANCEIRA — PONTUAÇÃO

1. Quão satisfeita e confiante você está com seus recursos financeiros atuais (seus ou familiares)?.................................... [ ]
2. Quão limpo e positivo no comércio e/ou negócios está o seu cadastro pessoal e/ou jurídico?.................................... [ ]
3. Quão equilibrada está sua vida/família entre ganhos e gastos mensais?.................................... [ ]
4. Quanto de base e influência na mordomia dos seus recursos financeiros a sua espiritualidade lhe proporciona?.................................... [ ]

MÉDIA.................................... [ ]

RODA DA VIDA

SAÚDE SOCIAL

PONTUAÇÃO

1. Quanto de investimento e recurso você tem direcionado para ONGs e/ou entidades religiosas com regularidade?. . . . . [ ]
2. Quão motivada e impulsionada você se sente em lutar pelas causas de justiça social e cuidado com o meio ambiente?. . . . . [ ]
3. Quão envolvida você é nas questões de bem comum em sua vizinhança e cidade?. . . . . . [ ]
4. Quanto de ação a sua espiritualidade lhe estimula a ter em relação ao cuidado de órfãos, refugiados e oprimidos na sociedade?. . . . . [ ]

MÉDIA. . . . . [ ]

SAÚDE FAMILIAR

PONTUAÇÃO

1. Quão satisfeita você está com o nível de harmonia nos seus relacionamentos familiares em geral?. . . . . [ ]
2. Quão envolvida e efetiva você é na administração e solução de conflitos familiares?. . . . [ ]
3. Quão intencional você é no estabelecimento de encontros, reuniões e oportunidades de convívio familiar significativo?. . . . . [ ]
4. Quanto de orientação, estímulo e ações de cuidado e honra aos familiares você tem recebido da sua convicção espiritual?. . . . . [ ]

MÉDIA. . . . . [ ]

SAÚDE AFETIVA

PONTUAÇÃO

1. De forma geral, quão satisfeita você está com seu relacionamento amoroso?. . . . . [ ]
2. Quanto de diálogo franco e harmonioso você tem tido no seu relacionamento amoroso?. . . . . [ ]
3. Quanto de romantismo, afetividade e prazer a sua relação amorosa possui?. . . . . [ ]
4. Quanto de orientação e sabedoria no cuidado de sua vida conjugal a sua convicção espiritual lhe proporciona?. . . . . [ ]

MÉDIA. . . . . [ ]

RODA DA VIDA

SAÚDE RELACIONAL

PONTUAÇÃO

1. Quão presente e disposta você tem sido em eventos, encontros e reuniões de amigos e/ou colegas?. . . . . [ ]
2. Quão transparentes e sinceros são os seus relacionamentos com os amigos mais achegados?. . . . . [ ]
3. Quanto de envolvimento você tem tido em acontecimentos e eventos marcantes na vida dos seus amigos?. . . . . [ ]
4. Quanto de estímulo à fraternidade e ao cuidado com o próximo a sua convicção espiritual lhe proporciona?. . . . . [ ]

MÉDIA. . . . . [ ]

SAÚDE RECREATIVA

PONTUAÇÃO

1. Quanto de prioridade você tem dado ao seu descanso semanal, não assumindo nele tarefas urgentes ou de trabalho?. . . . . [ ]
2. Quão frequente e frutífero tem sido o seu dia (inteiro) de descanso semanal?. . . . . [ ]
3. Quanto de limite e de desligamento das atividades de trabalho diário (inclusive em chats) você consegue manter?. . . . . [ ]
4. Quanto de orientação a sua convicção espiritual lhe provê sobre a necessidade do descanso ritmado e constante?. . . . . [ ]

MÉDIA. . . . . [ ]

SAÚDE PLENA

PONTUAÇÃO

1. Quão satisfeita você está com suas conquistas até este momento na vida?. . . . . [ ]
2. Quão motivada você está em relação a novos desafios?. . . . . [ ]
3. Quão otimista você está em relação ao futuro?. . . . . [ ]
4. Quanto de consciência e sensação de plenitude você tem encontrado através da sua convicção espiritual?. . . . . [ ]

MÉDIA. . . . . [ ]

RODA DA VIDA

RESULTADO

1 Coloque na roda a pontuação que você deu a cada uma das perguntas em laranja. Faça um traçado ligando os pontos com uma caneta vermelha.

2 Coloque na roda a pontuação média que você obteve em cada uma das áreas de saúde. (Soma dos 4 pontos, dividido por 4). Faça um traçado ligando os pontos com uma caneta de outra cor.

3 Avalie sua roda da vida: formato, áreas que necessitam mais atenção, que distância possuem entre sua base espiritual e sua vivência diária.

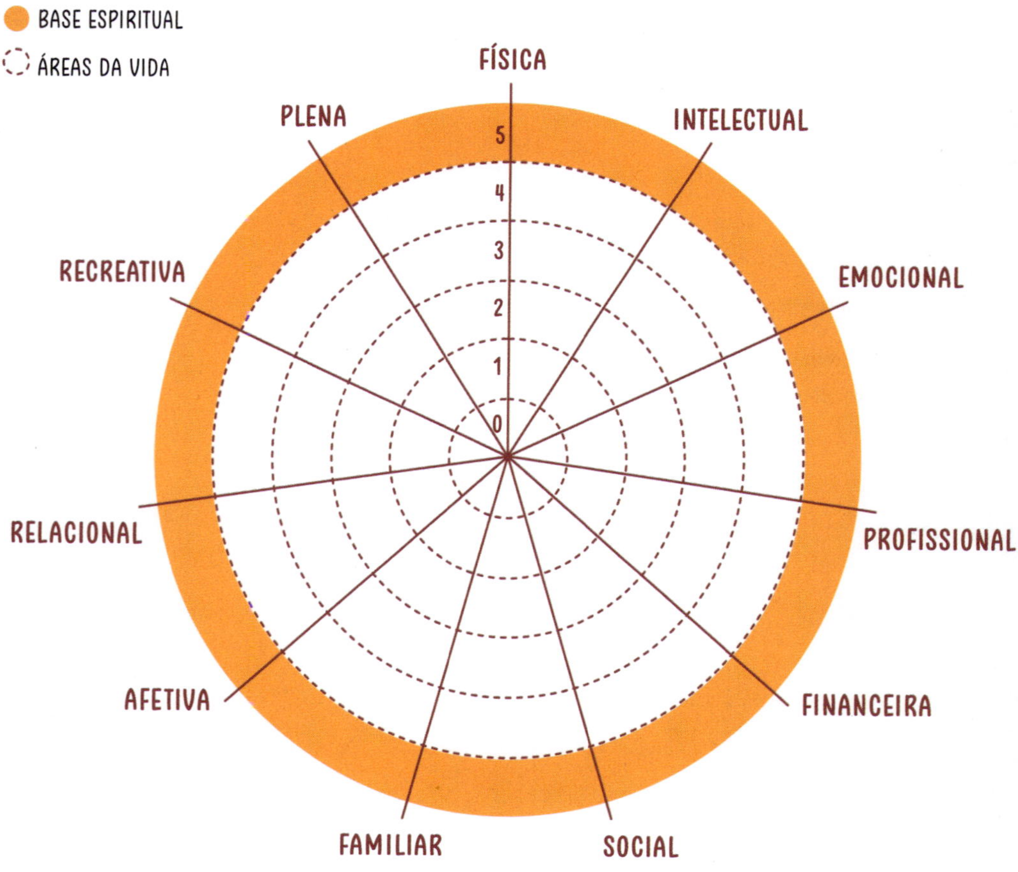

* Para fazer o teste mais completo e obter um relatório dos seus resultados, visite o site: www.youniquebrasil.com/ Direitos autorais: Sonia Agreste

METAS DO ANO

QUAIS AS PRINCIPAIS METAS PARA CADA ÁREA DA SUA VIDA?

METAS PESSOAIS

METAS PROFISSIONAIS

METAS FAMILIARES

PLANO DE AÇÃO

Como estarei daqui a 6 meses, agindo conforme o plano.

FINAL DO 1º SEMESTRE

O que vou fazer para chegar lá.

1º E 2º MÊS

3º E 4º MÊS

5º E 6º MÊS

PLANO DE AÇÃO

Como estarei daqui a 12 meses, agindo conforme o plano.

FINAL DO 2º SEMESTRE

O que vou fazer para chegar lá.

7º E 8º MÊS

9º E 10º MÊS

11º E 12º MÊS

METAS DE LEITURA

TÍTULO	AUTOR	AVALIAÇÃO
		☆☆☆☆☆
		☆☆☆☆☆
		☆☆☆☆☆
		☆☆☆☆☆
		☆☆☆☆☆
		☆☆☆☆☆
		☆☆☆☆☆
		☆☆☆☆☆
		☆☆☆☆☆
		☆☆☆☆☆
		☆☆☆☆☆
		☆☆☆☆☆
		☆☆☆☆☆
		☆☆☆☆☆
		☆☆☆☆☆
		☆☆☆☆☆
		☆☆☆☆☆
		☆☆☆☆☆
		☆☆☆☆☆
		☆☆☆☆☆
		☆☆☆☆☆
		☆☆☆☆☆
		☆☆☆☆☆
		☆☆☆☆☆
		☆☆☆☆☆
		☆☆☆☆☆

ANIVERSÁRIOS

NOME	DATA

CONSULTAS

MÉDICO	ESPECIALIDADE	DATA	HORA

EXAMES

EXAME	DATA	HORA

MENSTRUAÇÃO

	01	02	03	04	05	06	07	08	09	10	11	12	13	14	15	16	17	18	19	20	21	22	23	24	25	26	27	28	29	30	31
JAN																															
FEV																															
MAR																															
ABR																															
MAI																															
JUN																															
JUL																															
AGO																															
SET																															
OUT																															
NOV																															
DEZ																															

LEGENDA

- [ ] MENSTRUAÇÃO
- [ ] PERÍODO FÉRTIL
- [ ] OVULAÇÃO
- [ ] CÓLICA
- [ ] DOR DE CABEÇA
- [ ] TPM

NOTAS

- [ ] ....
- [ ] ....
- [ ] ....
- [ ] ....
- [ ] ....
- [ ] ....
- [ ] ....
- [ ] ....
- [ ] ....
- [ ] ....
- [ ] ....
- [ ] ....

PROVIDÊNCIAS

CONTROLE DE HÁBITOS

ESCREVA AQUI O MÊS OU COLE O ADESIVO

				01	02	03
04	05	06	07	08	09	10
11	12	13	14	15	16	17
18	19	20	21	22	23	24
25	26	27	28	29	30	31

				01	02	03
04	05	06	07	08	09	10
11	12	13	14	15	16	17
18	19	20	21	22	23	24
25	26	27	28	29	30	31

				01	02	03
04	05	06	07	08	09	10
11	12	13	14	15	16	17
18	19	20	21	22	23	24
25	26	27	28	29	30	31

				01	02	03
04	05	06	07	08	09	10
11	12	13	14	15	16	17
18	19	20	21	22	23	24
25	26	27	28	29	30	31

				01	02	03
04	05	06	07	08	09	10
11	12	13	14	15	16	17
18	19	20	21	22	23	24
25	26	27	28	29	30	31

				01	02	03
04	05	06	07	08	09	10
11	12	13	14	15	16	17
18	19	20	21	22	23	24
25	26	27	28	29	30	31

				01	02	03
04	05	06	07	08	09	10
11	12	13	14	15	16	17
18	19	20	21	22	23	24
25	26	27	28	29	30	31

				01	02	03
04	05	06	07	08	09	10
11	12	13	14	15	16	17
18	19	20	21	22	23	24
25	26	27	28	29	30	31

				01	02	03
04	05	06	07	08	09	10
11	12	13	14	15	16	17
18	19	20	21	22	23	24
25	26	27	28	29	30	31

CONTROLE DE HÁBITOS

				01	02	03
04	05	06	07	08	09	10
11	12	13	14	15	16	17
18	19	20	21	22	23	24
25	26	27	28	29	30	31

				01	02	03
04	05	06	07	08	09	10
11	12	13	14	15	16	17
18	19	20	21	22	23	24
25	26	27	28	29	30	31

				01	02	03
04	05	06	07	08	09	10
11	12	13	14	15	16	17
18	19	20	21	22	23	24
25	26	27	28	29	30	31

				01	02	03
04	05	06	07	08	09	10
11	12	13	14	15	16	17
18	19	20	21	22	23	24
25	26	27	28	29	30	31

				01	02	03
04	05	06	07	08	09	10
11	12	13	14	15	16	17
18	19	20	21	22	23	24
25	26	27	28	29	30	31

				01	02	03
04	05	06	07	08	09	10
11	12	13	14	15	16	17
18	19	20	21	22	23	24
25	26	27	28	29	30	31

				01	02	03
04	05	06	07	08	09	10
11	12	13	14	15	16	17
18	19	20	21	22	23	24
25	26	27	28	29	30	31

				01	02	03
04	05	06	07	08	09	10
11	12	13	14	15	16	17
18	19	20	21	22	23	24
25	26	27	28	29	30	31

				01	02	03
04	05	06	07	08	09	10
11	12	13	14	15	16	17
18	19	20	21	22	23	24
25	26	27	28	29	30	31

CONTROLE DE HÁBITOS

				01	02	03
04	05	06	07	08	09	10
11	12	13	14	15	16	17
18	19	20	21	22	23	24
25	26	27	28	29	30	31

				01	02	03
04	05	06	07	08	09	10
11	12	13	14	15	16	17
18	19	20	21	22	23	24
25	26	27	28	29	30	31

				01	02	03
04	05	06	07	08	09	10
11	12	13	14	15	16	17
18	19	20	21	22	23	24
25	26	27	28	29	30	31

				01	02	03
04	05	06	07	08	09	10
11	12	13	14	15	16	17
18	19	20	21	22	23	24
25	26	27	28	29	30	31

				01	02	03
04	05	06	07	08	09	10
11	12	13	14	15	16	17
18	19	20	21	22	23	24
25	26	27	28	29	30	31

				01	02	03
04	05	06	07	08	09	10
11	12	13	14	15	16	17
18	19	20	21	22	23	24
25	26	27	28	29	30	31

				01	02	03
04	05	06	07	08	09	10
11	12	13	14	15	16	17
18	19	20	21	22	23	24
25	26	27	28	29	30	31

				01	02	03
04	05	06	07	08	09	10
11	12	13	14	15	16	17
18	19	20	21	22	23	24
25	26	27	28	29	30	31

				01	02	03
04	05	06	07	08	09	10
11	12	13	14	15	16	17
18	19	20	21	22	23	24
25	26	27	28	29	30	31

CONTROLE DE HÁBITOS

				01	02	03
04	05	06	07	08	09	10
11	12	13	14	15	16	17
18	19	20	21	22	23	24
25	26	27	28	29	30	31

				01	02	03
04	05	06	07	08	09	10
11	12	13	14	15	16	17
18	19	20	21	22	23	24
25	26	27	28	29	30	31

				01	02	03
04	05	06	07	08	09	10
11	12	13	14	15	16	17
18	19	20	21	22	23	24
25	26	27	28	29	30	31

				01	02	03
04	05	06	07	08	09	10
11	12	13	14	15	16	17
18	19	20	21	22	23	24
25	26	27	28	29	30	31

				01	02	03
04	05	06	07	08	09	10
11	12	13	14	15	16	17
18	19	20	21	22	23	24
25	26	27	28	29	30	31

				01	02	03
04	05	06	07	08	09	10
11	12	13	14	15	16	17
18	19	20	21	22	23	24
25	26	27	28	29	30	31

				01	02	03
04	05	06	07	08	09	10
11	12	13	14	15	16	17
18	19	20	21	22	23	24
25	26	27	28	29	30	31

				01	02	03
04	05	06	07	08	09	10
11	12	13	14	15	16	17
18	19	20	21	22	23	24
25	26	27	28	29	30	31

				01	02	03
04	05	06	07	08	09	10
11	12	13	14	15	16	17
18	19	20	21	22	23	24
25	26	27	28	29	30	31

CONTROLE DE HÁBITOS

				01	02	03
04	05	06	07	08	09	10
11	12	13	14	15	16	17
18	19	20	21	22	23	24
25	26	27	28	29	30	31

				01	02	03
04	05	06	07	08	09	10
11	12	13	14	15	16	17
18	19	20	21	22	23	24
25	26	27	28	29	30	31

				01	02	03
04	05	06	07	08	09	10
11	12	13	14	15	16	17
18	19	20	21	22	23	24
25	26	27	28	29	30	31

				01	02	03
04	05	06	07	08	09	10
11	12	13	14	15	16	17
18	19	20	21	22	23	24
25	26	27	28	29	30	31

				01	02	03
04	05	06	07	08	09	10
11	12	13	14	15	16	17
18	19	20	21	22	23	24
25	26	27	28	29	30	31

				01	02	03
04	05	06	07	08	09	10
11	12	13	14	15	16	17
18	19	20	21	22	23	24
25	26	27	28	29	30	31

				01	02	03
04	05	06	07	08	09	10
11	12	13	14	15	16	17
18	19	20	21	22	23	24
25	26	27	28	29	30	31

				01	02	03
04	05	06	07	08	09	10
11	12	13	14	15	16	17
18	19	20	21	22	23	24
25	26	27	28	29	30	31

				01	02	03
04	05	06	07	08	09	10
11	12	13	14	15	16	17
18	19	20	21	22	23	24
25	26	27	28	29	30	31

CONTROLE DE HÁBITOS

				01	02	03
04	05	06	07	08	09	10
11	12	13	14	15	16	17
18	19	20	21	22	23	24
25	26	27	28	29	30	31

				01	02	03
04	05	06	07	08	09	10
11	12	13	14	15	16	17
18	19	20	21	22	23	24
25	26	27	28	29	30	31

				01	02	03
04	05	06	07	08	09	10
11	12	13	14	15	16	17
18	19	20	21	22	23	24
25	26	27	28	29	30	31

				01	02	03
04	05	06	07	08	09	10
11	12	13	14	15	16	17
18	19	20	21	22	23	24
25	26	27	28	29	30	31

				01	02	03
04	05	06	07	08	09	10
11	12	13	14	15	16	17
18	19	20	21	22	23	24
25	26	27	28	29	30	31

				01	02	03
04	05	06	07	08	09	10
11	12	13	14	15	16	17
18	19	20	21	22	23	24
25	26	27	28	29	30	31

				01	02	03
04	05	06	07	08	09	10
11	12	13	14	15	16	17
18	19	20	21	22	23	24
25	26	27	28	29	30	31

				01	02	03
04	05	06	07	08	09	10
11	12	13	14	15	16	17
18	19	20	21	22	23	24
25	26	27	28	29	30	31

				01	02	03
04	05	06	07	08	09	10
11	12	13	14	15	16	17
18	19	20	21	22	23	24
25	26	27	28	29	30	31

CONTROLE DE HÁBITOS

				01	02	03
04	05	06	07	08	09	10
11	12	13	14	15	16	17
18	19	20	21	22	23	24
25	26	27	28	29	30	31

				01	02	03
04	05	06	07	08	09	10
11	12	13	14	15	16	17
18	19	20	21	22	23	24
25	26	27	28	29	30	31

				01	02	03
04	05	06	07	08	09	10
11	12	13	14	15	16	17
18	19	20	21	22	23	24
25	26	27	28	29	30	31

				01	02	03
04	05	06	07	08	09	10
11	12	13	14	15	16	17
18	19	20	21	22	23	24
25	26	27	28	29	30	31

				01	02	03
04	05	06	07	08	09	10
11	12	13	14	15	16	17
18	19	20	21	22	23	24
25	26	27	28	29	30	31

				01	02	03
04	05	06	07	08	09	10
11	12	13	14	15	16	17
18	19	20	21	22	23	24
25	26	27	28	29	30	31

				01	02	03
04	05	06	07	08	09	10
11	12	13	14	15	16	17
18	19	20	21	22	23	24
25	26	27	28	29	30	31

				01	02	03
04	05	06	07	08	09	10
11	12	13	14	15	16	17
18	19	20	21	22	23	24
25	26	27	28	29	30	31

				01	02	03
04	05	06	07	08	09	10
11	12	13	14	15	16	17
18	19	20	21	22	23	24
25	26	27	28	29	30	31

CONTROLE DE HÁBITOS

				01	02	03
04	05	06	07	08	09	10
11	12	13	14	15	16	17
18	19	20	21	22	23	24
25	26	27	28	29	30	31

				01	02	03
04	05	06	07	08	09	10
11	12	13	14	15	16	17
18	19	20	21	22	23	24
25	26	27	28	29	30	31

				01	02	03
04	05	06	07	08	09	10
11	12	13	14	15	16	17
18	19	20	21	22	23	24
25	26	27	28	29	30	31

				01	02	03
04	05	06	07	08	09	10
11	12	13	14	15	16	17
18	19	20	21	22	23	24
25	26	27	28	29	30	31

				01	02	03
04	05	06	07	08	09	10
11	12	13	14	15	16	17
18	19	20	21	22	23	24
25	26	27	28	29	30	31

				01	02	03
04	05	06	07	08	09	10
11	12	13	14	15	16	17
18	19	20	21	22	23	24
25	26	27	28	29	30	31

				01	02	03
04	05	06	07	08	09	10
11	12	13	14	15	16	17
18	19	20	21	22	23	24
25	26	27	28	29	30	31

				01	02	03
04	05	06	07	08	09	10
11	12	13	14	15	16	17
18	19	20	21	22	23	24
25	26	27	28	29	30	31

				01	02	03
04	05	06	07	08	09	10
11	12	13	14	15	16	17
18	19	20	21	22	23	24
25	26	27	28	29	30	31

CONTROLE DE HÁBITOS

				01	02	03
04	05	06	07	08	09	10
11	12	13	14	15	16	17
18	19	20	21	22	23	24
25	26	27	28	29	30	31

				01	02	03
04	05	06	07	08	09	10
11	12	13	14	15	16	17
18	19	20	21	22	23	24
25	26	27	28	29	30	31

				01	02	03
04	05	06	07	08	09	10
11	12	13	14	15	16	17
18	19	20	21	22	23	24
25	26	27	28	29	30	31

				01	02	03
04	05	06	07	08	09	10
11	12	13	14	15	16	17
18	19	20	21	22	23	24
25	26	27	28	29	30	31

				01	02	03
04	05	06	07	08	09	10
11	12	13	14	15	16	17
18	19	20	21	22	23	24
25	26	27	28	29	30	31

				01	02	03
04	05	06	07	08	09	10
11	12	13	14	15	16	17
18	19	20	21	22	23	24
25	26	27	28	29	30	31

				01	02	03
04	05	06	07	08	09	10
11	12	13	14	15	16	17
18	19	20	21	22	23	24
25	26	27	28	29	30	31

				01	02	03
04	05	06	07	08	09	10
11	12	13	14	15	16	17
18	19	20	21	22	23	24
25	26	27	28	29	30	31

				01	02	03
04	05	06	07	08	09	10
11	12	13	14	15	16	17
18	19	20	21	22	23	24
25	26	27	28	29	30	31

CONTROLE DE HÁBITOS

				01	02	03
04	05	06	07	08	09	10
11	12	13	14	15	16	17
18	19	20	21	22	23	24
25	26	27	28	29	30	31

				01	02	03
04	05	06	07	08	09	10
11	12	13	14	15	16	17
18	19	20	21	22	23	24
25	26	27	28	29	30	31

				01	02	03
04	05	06	07	08	09	10
11	12	13	14	15	16	17
18	19	20	21	22	23	24
25	26	27	28	29	30	31

				01	02	03
04	05	06	07	08	09	10
11	12	13	14	15	16	17
18	19	20	21	22	23	24
25	26	27	28	29	30	31

				01	02	03
04	05	06	07	08	09	10
11	12	13	14	15	16	17
18	19	20	21	22	23	24
25	26	27	28	29	30	31

				01	02	03
04	05	06	07	08	09	10
11	12	13	14	15	16	17
18	19	20	21	22	23	24
25	26	27	28	29	30	31

				01	02	03
04	05	06	07	08	09	10
11	12	13	14	15	16	17
18	19	20	21	22	23	24
25	26	27	28	29	30	31

				01	02	03
04	05	06	07	08	09	10
11	12	13	14	15	16	17
18	19	20	21	22	23	24
25	26	27	28	29	30	31

				01	02	03
04	05	06	07	08	09	10
11	12	13	14	15	16	17
18	19	20	21	22	23	24
25	26	27	28	29	30	31

CONTROLE DE HÁBITOS

				01	02	03
04	05	06	07	08	09	10
11	12	13	14	15	16	17
18	19	20	21	22	23	24
25	26	27	28	29	30	31

				01	02	03
04	05	06	07	08	09	10
11	12	13	14	15	16	17
18	19	20	21	22	23	24
25	26	27	28	29	30	31

				01	02	03
04	05	06	07	08	09	10
11	12	13	14	15	16	17
18	19	20	21	22	23	24
25	26	27	28	29	30	31

				01	02	03
04	05	06	07	08	09	10
11	12	13	14	15	16	17
18	19	20	21	22	23	24
25	26	27	28	29	30	31

				01	02	03
04	05	06	07	08	09	10
11	12	13	14	15	16	17
18	19	20	21	22	23	24
25	26	27	28	29	30	31

				01	02	03
04	05	06	07	08	09	10
11	12	13	14	15	16	17
18	19	20	21	22	23	24
25	26	27	28	29	30	31

				01	02	03
04	05	06	07	08	09	10
11	12	13	14	15	16	17
18	19	20	21	22	23	24
25	26	27	28	29	30	31

				01	02	03
04	05	06	07	08	09	10
11	12	13	14	15	16	17
18	19	20	21	22	23	24
25	26	27	28	29	30	31

				01	02	03
04	05	06	07	08	09	10
11	12	13	14	15	16	17
18	19	20	21	22	23	24
25	26	27	28	29	30	31

CONTROLE DE HÁBITOS

				01	02	03
04	05	06	07	08	09	10
11	12	13	14	15	16	17
18	19	20	21	22	23	24
25	26	27	28	29	30	31

				01	02	03
04	05	06	07	08	09	10
11	12	13	14	15	16	17
18	19	20	21	22	23	24
25	26	27	28	29	30	31

				01	02	03
04	05	06	07	08	09	10
11	12	13	14	15	16	17
18	19	20	21	22	23	24
25	26	27	28	29	30	31

				01	02	03
04	05	06	07	08	09	10
11	12	13	14	15	16	17
18	19	20	21	22	23	24
25	26	27	28	29	30	31

				01	02	03
04	05	06	07	08	09	10
11	12	13	14	15	16	17
18	19	20	21	22	23	24
25	26	27	28	29	30	31

				01	02	03
04	05	06	07	08	09	10
11	12	13	14	15	16	17
18	19	20	21	22	23	24
25	26	27	28	29	30	31

				01	02	03
04	05	06	07	08	09	10
11	12	13	14	15	16	17
18	19	20	21	22	23	24
25	26	27	28	29	30	31

				01	02	03
04	05	06	07	08	09	10
11	12	13	14	15	16	17
18	19	20	21	22	23	24
25	26	27	28	29	30	31

				01	02	03
04	05	06	07	08	09	10
11	12	13	14	15	16	17
18	19	20	21	22	23	24
25	26	27	28	29	30	31

MEU MÊS

ESCREVA AQUI O MÊS OU COLE O ADESIVO

PRIORIDADES

OBJETIVOS

TAREFAS

VISÃO DO MÊS

SÁBADO						
SEXTA						
QUINTA						
QUARTA						
TERÇA						
SEGUNDA						
DOMINGO						

FINANÇAS

Minha renda fixa: . . . . Extra: . . . .

DESPESAS FIXAS

DESCRIÇÃO	VALOR

DESPESAS VARIÁVEIS

DESCRIÇÃO	VALOR

Como posso melhorar?

Saldo final:

. . . .

. . . .

. . . .

METAS PARA O PRÓXIMO MÊS

MEU PLANO COM DEUS

USE ESTE ESPAÇO PARA REGISTRAR SUA CAMINHADA COM DEUS AO LONGO DO MÊS. VOCÊ PODE ESCREVER UMA EXPERIÊNCIA MARCANTE, UMA FRASE DO LIVRO QUE ESTÁ LENDO, UM APRENDIZADO, O QUE DEUS FALOU COM VOCÊ E O QUE MAIS DESEJAR. AO FINAL, VOCÊ TERÁ O PANORAMA DO SEU CRESCIMENTO NA FÉ.

PRIMEIRA SEMANA

SEGUNDA SEMANA

TERCEIRA SEMANA

MEU PLANO COM DEUS

QUARTA SEMANA

QUINTA SEMANA

BENÇÃOS DO MÊS

PLANEJAMENTO SEMANAL

Anotações

Prioridades

- [ ]
- [ ]
- [ ]
- [ ]

DOMINGO

SEGUNDA

TERÇA

Versículo da semana

Tu és bondoso e perdoador, Senhor, rico em graça para com todos os que te invocam. Salmos 86:5

PLANEJAMENTO SEMANAL

QUARTA

QUINTA

SEXTA

SÁBADO

Meu humor na semana

☐ ☐ ☐ ☐ ☐

Resumo da semana

☐ Finalizei todas as tarefas

☐ Ficaram algumas pendências

PLANEJAMENTO SEMANAL

Anotações

Prioridades

DOMINGO

SEGUNDA

TERÇA

Versículo da semana

Habite ricamente em vocês a palavra de Cristo; ensinem e aconselhem-se uns aos outros com toda a sabedoria, e cantem salmos, hinos e cânticos espirituais com gratidão a Deus em seus corações. Colossenses 3:16

PLANEJAMENTO SEMANAL

QUARTA

QUINTA

SEXTA

SÁBADO

Meu humor na semana

☐ ☐ ☐ ☐ ☐

Resumo da semana

☐ Finalizei todas as tarefas

☐ Ficaram algumas pendências

PLANEJAMENTO SEMANAL

Anotações

Prioridades

- [ ]
- [ ]
- [ ]
- [ ]

DOMINGO

SEGUNDA

TERÇA

Versículo da semana

Quem tem os meus mandamentos e lhes obedece, esse é o que me ama. Aquele que me ama será amado por meu Pai, e eu também o amarei e me revelarei a ele. João 14:21

PLANEJAMENTO SEMANAL

QUARTA

QUINTA

SEXTA

SÁBADO

Meu humor na semana

☐ ☐ ☐ ☐ ☐

Resumo da semana

☐ Finalizei todas as tarefas

☐ Ficaram algumas pendências

PLANEJAMENTO SEMANAL

Anotações

DOMINGO

Prioridades

- [ ] ....
- [ ] ....
- [ ] ....
- [ ] ....

SEGUNDA

TERÇA

Versículo da semana

Não deixe de falar as palavras deste Livro da Lei e de meditar nelas de dia e de noite, para que você cumpra fielmente tudo o que nele está escrito. Só então os seus caminhos prosperarão e você será bem sucedido. Josué 1:8

PLANEJAMENTO SEMANAL

QUARTA

QUINTA

SEXTA

SÁBADO

Meu humor na semana

Resumo da semana

- [ ] Finalizei todas as tarefas
- [ ] Ficaram algumas pendências

PLANEJAMENTO SEMANAL

Anotações

Prioridades

- [ ] ....
- [ ] ....
- [ ] ....
- [ ] ....

DOMINGO

SEGUNDA

TERÇA

Versículo da semana

Tudo o que fizerem, façam de todo o coração, como para o Senhor, e não para os homens. Colossenses 3:23

PLANEJAMENTO SEMANAL

QUARTA

QUINTA

SEXTA

SÁBADO

Meu humor na semana

Resumo da semana

- [ ] Finalizei todas as tarefas
- [ ] Ficaram algumas pendências

BALANÇO DO MÊS

MOTIVOS PARA AGRADECER

MAIORES APRENDIZADOS

METAS ATINGIDAS

- ....
- ....
- ....
- ....
- ....
- ....
- ....
- ....

METAS EM ANDAMENTO

- ....
- ....
- ....
- ....
- ....
- ....
- ....
- ....

Minha avaliação desse mês .... ☆☆☆☆☆

MEU MÊS

PRIORIDADES

OBJETIVOS

TAREFAS

VISÃO DO MÊS

DOMINGO	SEGUNDA	TERÇA	QUARTA	QUINTA	SEXTA	SÁBADO

FINANÇAS

Minha renda fixa: .... Extra: ....

DESPESAS FIXAS

DESCRIÇÃO	VALOR

DESPESAS VARIÁVEIS

DESCRIÇÃO	VALOR

Como posso melhorar?

Saldo final:

....

....

....

METAS PARA O PRÓXIMO MÊS

MEU PLANO COM DEUS

USE ESTE ESPAÇO PARA REGISTRAR SUA CAMINHADA COM DEUS AO LONGO DO MÊS. VOCÊ PODE ESCREVER UMA EXPERIÊNCIA MARCANTE, UMA FRASE DO LIVRO QUE ESTÁ LENDO, UM APRENDIZADO, O QUE DEUS FALOU COM VOCÊ E O QUE MAIS DESEJAR. AO FINAL, VOCÊ TERÁ O PANORAMA DO SEU CRESCIMENTO NA FÉ.

PRIMEIRA SEMANA

SEGUNDA SEMANA

TERCEIRA SEMANA

MEU PLANO COM DEUS

QUARTA SEMANA

QUINTA SEMANA

BENÇÃOS DO MÊS

PLANEJAMENTO SEMANAL

Anotações

Prioridades

- [ ] ....
- [ ] ....
- [ ] ....
- [ ] ....

DOMINGO

SEGUNDA

TERÇA

Versículo da semana

Cantarei para sempre o amor do Senhor; com minha boca anunciarei a tua fidelidade por todas as gerações. Salmos 89:1

PLANEJAMENTO SEMANAL

QUARTA

QUINTA

SEXTA

SÁBADO

Meu humor na semana

- [ ] 😄
- [ ] 😌
- [ ] 🤨
- [ ] 😐
- [ ] ☹️

Resumo da semana

- [ ] Finalizei todas as tarefas
- [ ] Ficaram algumas pendências

PLANEJAMENTO SEMANAL

Anotações

Prioridades

- [ ]
- [ ]
- [ ]
- [ ]

DOMINGO

SEGUNDA

TERÇA

Versículo da semana

Que o Deus da esperança os encha de toda alegria e paz, por sua confiança nele, para que vocês transbordem de esperança, pelo poder do Espírito Santo. Romanos 15:13

PLANEJAMENTO SEMANAL

QUARTA

QUINTA

SEXTA

SÁBADO

Meu humor na semana

☐ ☐ ☐ ☐ ☐

Resumo da semana

☐ Finalizei todas as tarefas

☐ Ficaram algumas pendências

PLANEJAMENTO SEMANAL

Anotações

Prioridades

- [ ] ....
- [ ] ....
- [ ] ....
- [ ] ....

DOMINGO

SEGUNDA

TERÇA

Versículo da semana

Portanto, se alguém está em Cristo, é nova criação. As coisas antigas já passaram; eis que surgiram coisas novas! 2Coríntios 5:17

PLANEJAMENTO SEMANAL

QUARTA

QUINTA

SEXTA

SÁBADO

Meu humor na semana

☐ ☐ ☐ ☐ ☐

Resumo da semana

☐ Finalizei todas as tarefas

☐ Ficaram algumas pendências

PLANEJAMENTO SEMANAL

Anotações

Prioridades

- [ ] ....
- [ ] ....
- [ ] ....
- [ ] ....

DOMINGO

SEGUNDA

TERÇA

Versículo da semana

Reconheçam que ele é o nosso Deus. Ele nos fez e somos dele: somos o seu povo, e rebanho do seu pastoreio. Salmos 100:3

PLANEJAMENTO SEMANAL

QUARTA

QUINTA

SEXTA

SÁBADO

Meu humor na semana

☐ ☐ ☐ ☐ ☐

Resumo da semana

☐ Finalizei todas as tarefas

☐ Ficaram algumas pendências

PLANEJAMENTO SEMANAL

Anotações

Prioridades

- [ ]
- [ ]
- [ ]
- [ ]

DOMINGO

SEGUNDA

TERÇA

Versículo da semana

Estejam vigilantes, mantenham-se firmes na fé, sejam homens de coragem, sejam fortes. Façam tudo com amor. 1Coríntios 16:13-14

PLANEJAMENTO SEMANAL

QUARTA

QUINTA

SEXTA

SÁBADO

Meu humor na semana

☐ ☐ ☐ ☐ ☐

Resumo da semana

☐ Finalizei todas as tarefas

☐ Ficaram algumas pendências

BALANÇO DO MÊS

MOTIVOS PARA AGRADECER

MAIORES APRENDIZADOS

METAS ATINGIDAS

- ....
- ....
- ....
- ....
- ....
- ....
- ....
- ....

METAS EM ANDAMENTO

- ....
- ....
- ....
- ....
- ....
- ....
- ....
- ....

Minha avaliação desse mês .... ☆ ☆ ☆ ☆ ☆

MEU MÊS

PRIORIDADES

OBJETIVOS

TAREFAS

VISÃO DO MÊS

SÁBADO						
SEXTA						
QUINTA						
QUARTA						
TERÇA						
SEGUNDA						
DOMINGO						

FINANÇAS

Minha renda fixa: .... Extra: ....

DESPESAS FIXAS

DESCRIÇÃO	VALOR

DESPESAS VARIÁVEIS

DESCRIÇÃO	VALOR

Como posso melhorar?

Saldo final:

....

....

....

METAS PARA O PRÓXIMO MÊS

MEU PLANO COM DEUS

USE ESTE ESPAÇO PARA REGISTRAR SUA CAMINHADA COM DEUS AO LONGO DO MÊS. VOCÊ PODE ESCREVER UMA EXPERIÊNCIA MARCANTE, UMA FRASE DO LIVRO QUE ESTÁ LENDO, UM APRENDIZADO, O QUE DEUS FALOU COM VOCÊ E O QUE MAIS DESEJAR. AO FINAL, VOCÊ TERÁ O PANORAMA DO SEU CRESCIMENTO NA FÉ.

PRIMEIRA SEMANA

SEGUNDA SEMANA

TERCEIRA SEMANA

MEU PLANO COM DEUS

QUARTA SEMANA

QUINTA SEMANA

BENÇÃOS DO MÊS

PLANEJAMENTO SEMANAL

Anotações

Prioridades

- [ ] ....
- [ ] ....
- [ ] ....
- [ ] ....

DOMINGO

SEGUNDA

TERÇA

Versículo da semana

Entrem por suas portas com ações de graças, e em seus átrios, com louvor; deem-lhe graças e bendigam o seu nome. Salmos 100:4

PLANEJAMENTO SEMANAL

QUARTA

QUINTA

SEXTA

SÁBADO

Meu humor na semana

☐ ☐ ☐ ☐ ☐

Resumo da semana

- ☐ Finalizei todas as tarefas
- ☐ Ficaram algumas pendências

PLANEJAMENTO SEMANAL

Anotações

Prioridades

- [ ] ....
- [ ] ....
- [ ] ....
- [ ] ....

DOMINGO

SEGUNDA

TERÇA

Versículo da semana

No arrependimento e no descanso está a salvação de vocês, na quietude e na confiança está o seu vigor. Isaías 30:15b

PLANEJAMENTO SEMANAL

QUARTA

QUINTA

SEXTA

SÁBADO

Meu humor na semana

☐ ☐ ☐ ☐ ☐

Resumo da semana

- ☐ Finalizei todas as tarefas
- ☐ Ficaram algumas pendências

PLANEJAMENTO SEMANAL

Anotações

Prioridades

- [ ]
- [ ]
- [ ]
- [ ]

DOMINGO

SEGUNDA

TERÇA

Versículo da semana

Eu te busco de todo o coração; não permitas que eu me desvie dos teus mandamentos. Salmos 119:10

PLANEJAMENTO SEMANAL

QUARTA

QUINTA

SEXTA

SÁBADO

Meu humor na semana

- [ ] 😄
- [ ] 😌
- [ ] 🤨
- [ ] 😐
- [ ] 🙁

Resumo da semana

- [ ] Finalizei todas as tarefas
- [ ] Ficaram algumas pendências

PLANEJAMENTO SEMANAL

Anotações

Prioridades

- [ ]
- [ ]
- [ ]
- [ ]

DOMINGO

SEGUNDA

TERÇA

Versículo da semana

Abre os meus olhos para que eu veja as maravilhas da tua lei.
Salmos 119:18

PLANEJAMENTO SEMANAL

QUARTA

QUINTA

SEXTA

SÁBADO

Meu humor na semana

☐ ☐ ☐ ☐ ☐

Resumo da semana

- ☐ Finalizei todas as tarefas
- ☐ Ficaram algumas pendências

PLANEJAMENTO SEMANAL

Anotações

Prioridades

- [ ] ....
- [ ] ....
- [ ] ....
- [ ] ....

DOMINGO

SEGUNDA

TERÇA

Versículo da semana

Pois ele é a nossa paz, o qual de ambos fez um e destruiu
a barreira, o muro de inimizade. Efésios 2:14

PLANEJAMENTO SEMANAL

QUARTA

QUINTA

SEXTA

SÁBADO

Meu humor na semana

☐ ☐ ☐ ☐ ☐

Resumo da semana

- ☐ Finalizei todas as tarefas
- ☐ Ficaram algumas pendências

BALANÇO DO MÊS

MOTIVOS PARA AGRADECER

MAIORES APRENDIZADOS

METAS ATINGIDAS

•
•
•
•
•
•
•
•

METAS EM ANDAMENTO

•
•
•
•
•
•
•
•

Minha avaliação desse mês ☆ ☆ ☆ ☆ ☆

MEU MÊS

PRIORIDADES

OBJETIVOS

TAREFAS

VISÃO DO MÊS

DOMINGO	SEGUNDA	TERÇA	QUARTA	QUINTA	SEXTA	SÁBADO

FINANÇAS

Minha renda fixa: .... Extra: ....

DESPESAS FIXAS

DESCRIÇÃO	VALOR

DESPESAS VARIÁVEIS

DESCRIÇÃO	VALOR

Como posso melhorar?

Saldo final:

....

....

....

METAS PARA O PRÓXIMO MÊS

MEU PLANO COM DEUS

USE ESTE ESPAÇO PARA REGISTRAR SUA CAMINHADA COM DEUS AO LONGO DO MÊS. VOCÊ PODE ESCREVER UMA EXPERIÊNCIA MARCANTE, UMA FRASE DO LIVRO QUE ESTÁ LENDO, UM APRENDIZADO, O QUE DEUS FALOU COM VOCÊ E O QUE MAIS DESEJAR. AO FINAL, VOCÊ TERÁ O PANORAMA DO SEU CRESCIMENTO NA FÉ.

PRIMEIRA SEMANA

SEGUNDA SEMANA

TERCEIRA SEMANA

QUARTA SEMANA

QUINTA SEMANA

BENÇÃOS DO MÊS

PLANEJAMENTO SEMANAL

Anotações

Prioridades

- [ ]
- [ ]
- [ ]
- [ ]

DOMINGO

SEGUNDA

TERÇA

Versículo da semana

E não nos cansemos de fazer o bem, pois no tempo próprio colheremos, se não desanimarmos. Gálatas 6:9

PLANEJAMENTO SEMANAL

QUARTA

QUINTA

SEXTA

SÁBADO

Meu humor na semana

Resumo da semana

- [ ] Finalizei todas as tarefas
- [ ] Ficaram algumas pendências

PLANEJAMENTO SEMANAL

Anotações

Prioridades

- [ ] ....
- [ ] ....
- [ ] ....
- [ ] ....

DOMINGO

SEGUNDA

TERÇA

Versículo da semana

Sabemos que Deus age em todas as coisas para o bem daqueles que o amam, dos que foram chamados de acordo com o seu propósito. Romanos 8:28

PLANEJAMENTO SEMANAL

QUARTA

QUINTA

SEXTA

SÁBADO

Meu humor na semana

☐ ☐ ☐ ☐ ☐

Resumo da semana

- ☐ Finalizei todas as tarefas
- ☐ Ficaram algumas pendências

PLANEJAMENTO SEMANAL

Anotações

Prioridades

- [ ]
- [ ]
- [ ]
- [ ]

DOMINGO

SEGUNDA

TERÇA

Versículo da semana

Devolve-me a alegria da tua salvação e sustenta-me com um espírito pronto a obedecer. Salmos 51:12

PLANEJAMENTO SEMANAL

QUARTA

QUINTA

SEXTA

SÁBADO

Meu humor na semana

☐ ☐ ☐ ☐ ☐

Resumo da semana

- ☐ Finalizei todas as tarefas
- ☐ Ficaram algumas pendências

PLANEJAMENTO SEMANAL

Anotações

Prioridades

- [ ]
- [ ]
- [ ]
- [ ]

DOMINGO

SEGUNDA

TERÇA

Versículo da semana

A serem renovados no modo de pensar e a revestir-se do novo homem, criado para ser semelhante a Deus em justiça e em santidade provenientes da verdade. Efésios 4:23,24

PLANEJAMENTO SEMANAL

QUARTA

QUINTA

SEXTA

SÁBADO

Meu humor na semana

☐ ☐ ☐ ☐ ☐

Resumo da semana

- ☐ Finalizei todas as tarefas
- ☐ Ficaram algumas pendências

PLANEJAMENTO SEMANAL

Anotações

DOMINGO

Prioridades

- [ ]
- [ ]
- [ ]
- [ ]

SEGUNDA

TERÇA

Versículo da semana

Portanto, como povo escolhido de Deus, santo e amado, revistam-se de profunda compaixão, bondade, humildade, mansidão e paciência. Colossenses 3:12

PLANEJAMENTO SEMANAL

QUARTA

QUINTA

SEXTA

SÁBADO

Meu humor na semana

☐ ☐ ☐ ☐ ☐

Resumo da semana

☐ Finalizei todas as tarefas

☐ Ficaram algumas pendências

BALANÇO DO MÊS

MOTIVOS PARA AGRADECER

MAIORES APRENDIZADOS

METAS ATINGIDAS

- ....
- ....
- ....
- ....
- ....
- ....
- ....
- ....

METAS EM ANDAMENTO

- ....
- ....
- ....
- ....
- ....
- ....
- ....
- ....

Minha avaliação desse mês .... ☆ ☆ ☆ ☆ ☆

MEU MÊS

PRIORIDADES

OBJETIVOS

TAREFAS

VISÃO DO MÊS

SÁBADO						
SEXTA						
QUINTA						
QUARTA						
TERÇA						
SEGUNDA						
DOMINGO						

FINANÇAS

Minha renda fixa: .... Extra: ....

DESPESAS FIXAS

DESCRIÇÃO	VALOR

DESPESAS VARIÁVEIS

DESCRIÇÃO	VALOR

Como posso melhorar?

Saldo final:

....

....

....

METAS PARA O PRÓXIMO MÊS

MEU PLANO COM DEUS

USE ESTE ESPAÇO PARA REGISTRAR SUA CAMINHADA COM DEUS AO LONGO DO MÊS. VOCÊ PODE ESCREVER UMA EXPERIÊNCIA MARCANTE, UMA FRASE DO LIVRO QUE ESTÁ LENDO, UM APRENDIZADO, O QUE DEUS FALOU COM VOCÊ E O QUE MAIS DESEJAR. AO FINAL, VOCÊ TERÁ O PANORAMA DO SEU CRESCIMENTO NA FÉ.

PRIMEIRA SEMANA

SEGUNDA SEMANA

TERCEIRA SEMANA

MEU PLANO COM DEUS

QUARTA SEMANA

QUINTA SEMANA

BENÇÃOS DO MÊS

PLANEJAMENTO SEMANAL

Anotações

Prioridades

- [ ]
- [ ]
- [ ]
- [ ]

DOMINGO

SEGUNDA

TERÇA

Versículo da semana

Porque sou eu que conheço os planos que tenho para vocês", diz o Senhor, "planos de fazê-los prosperar e não de lhes causar dano, planos de dar-lhes esperança e um futuro. Jeremias 29:11

PLANEJAMENTO SEMANAL

QUARTA

QUINTA

SEXTA

SÁBADO

Meu humor na semana

- [ ] 😄
- [ ] 😌
- [ ] 🤨
- [ ] 😐
- [ ] 🙁

Resumo da semana

- [ ] Finalizei todas as tarefas
- [ ] Ficaram algumas pendências

PLANEJAMENTO SEMANAL

Anotações

Prioridades

- [ ]
- [ ]
- [ ]
- [ ]

DOMINGO

SEGUNDA

TERÇA

Versículo da semana

Jesus retirava-se para lugares solitários, e orava. Lucas 5:16

PLANEJAMENTO SEMANAL

QUARTA

QUINTA

SEXTA

SÁBADO

Meu humor na semana

☐ ☐ ☐ ☐ ☐

Resumo da semana

☐ Finalizei todas as tarefas

☐ Ficaram algumas pendências

PLANEJAMENTO SEMANAL

Anotações

Prioridades

- [ ]
- [ ]
- [ ]
- [ ]

DOMINGO

SEGUNDA

TERÇA

Versículo da semana

Porque, por meio de um único sacrifício, ele aperfeiçoou para sempre os que estão sendo santificados. Hebreus 10:14

PLANEJAMENTO SEMANAL

QUARTA

QUINTA

SEXTA

SÁBADO

Meu humor na semana

☐ ☐ ☐ ☐ ☐

Resumo da semana

☐ Finalizei todas as tarefas

☐ Ficaram algumas pendências

PLANEJAMENTO SEMANAL

Anotações

Prioridades

- [ ]
- [ ]
- [ ]
- [ ]

DOMINGO

SEGUNDA

TERÇA

Versículo da semana

Foi para a liberdade que Cristo nos libertou. Portanto, permaneçam firmes e não se deixem submeter novamente a um jugo de escravidão. Gálatas 5:1

PLANEJAMENTO SEMANAL

QUARTA

QUINTA

SEXTA

SÁBADO

Meu humor na semana

- [ ]
- [ ]
- [ ]
- [ ]
- [ ]

Resumo da semana

- [ ] Finalizei todas as tarefas
- [ ] Ficaram algumas pendências

PLANEJAMENTO SEMANAL

Anotações

Prioridades

- [ ] ....
- [ ] ....
- [ ] ....
- [ ] ....

DOMINGO

SEGUNDA

TERÇA

Versículo da semana

Mas quando você orar, vá para seu quarto, feche a porta e ore a seu Pai, que está no secreto. Então seu Pai, que vê no secreto, o recompensará. Mateus 6:6

PLANEJAMENTO SEMANAL

QUARTA

QUINTA

SEXTA

SÁBADO

Meu humor na semana

Resumo da semana

- [ ] Finalizei todas as tarefas
- [ ] Ficaram algumas pendências

BALANÇO DO MÊS

MOTIVOS PARA AGRADECER

MAIORES APRENDIZADOS

METAS ATINGIDAS

- ....
- ....
- ....
- ....
- ....
- ....
- ....
- ....

METAS EM ANDAMENTO

- ....
- ....
- ....
- ....
- ....
- ....
- ....
- ....

Minha avaliação desse mês .... ☆ ☆ ☆ ☆ ☆

MEU MÊS

PRIORIDADES

OBJETIVOS

TAREFAS

VISÃO DO MÊS

SÁBADO						
SEXTA						
QUINTA						
QUARTA						
TERÇA						
SEGUNDA						
DOMINGO						

FINANÇAS

Minha renda fixa: .... Extra: ....

DESPESAS FIXAS

DESCRIÇÃO	VALOR

DESPESAS VARIÁVEIS

DESCRIÇÃO	VALOR

Como posso melhorar?

Saldo final:

....

....

....

METAS PARA O PRÓXIMO MÊS

MEU PLANO COM DEUS

USE ESTE ESPAÇO PARA REGISTRAR SUA CAMINHADA COM DEUS AO LONGO DO MÊS. VOCÊ PODE ESCREVER UMA EXPERIÊNCIA MARCANTE, UMA FRASE DO LIVRO QUE ESTÁ LENDO, UM APRENDIZADO, O QUE DEUS FALOU COM VOCÊ E O QUE MAIS DESEJAR. AO FINAL, VOCÊ TERÁ O PANORAMA DO SEU CRESCIMENTO NA FÉ.

PRIMEIRA SEMANA

SEGUNDA SEMANA

TERCEIRA SEMANA

MEU PLANO COM DEUS

QUARTA SEMANA

QUINTA SEMANA

BENÇÃOS DO MÊS

PLANEJAMENTO SEMANAL

Anotações

Prioridades

- [ ]
- [ ]
- [ ]
- [ ]

DOMINGO

SEGUNDA

TERÇA

Versículo da semana

Sejam completamente humildes e dóceis, e sejam pacientes, suportando uns aos outros com amor. Efésios 4:2

PLANEJAMENTO SEMANAL

QUARTA

QUINTA

SEXTA

SÁBADO

Meu humor na semana

Resumo da semana

- [ ] Finalizei todas as tarefas
- [ ] Ficaram algumas pendências

PLANEJAMENTO SEMANAL

Anotações

Prioridades

- [ ]
- [ ]
- [ ]
- [ ]

DOMINGO

SEGUNDA

TERÇA

Versículo da semana

Certamente Deus é o meu auxílio; é o Senhor que me sustém. Salmos 54:4

PLANEJAMENTO SEMANAL

QUARTA

QUINTA

SEXTA

SÁBADO

Meu humor na semana

- [ ]
- [ ]
- [ ]
- [ ]
- [ ]

Resumo da semana

- [ ] Finalizei todas as tarefas
- [ ] Ficaram algumas pendências

PLANEJAMENTO SEMANAL

Anotações

Prioridades

- [ ] ....
- [ ] ....
- [ ] ....
- [ ] ....

DOMINGO

SEGUNDA

TERÇA

Versículo da semana

Provem, e vejam como o Senhor é bom. Como é feliz o homem que nele se refugia! Salmos 34:8

PLANEJAMENTO SEMANAL

QUARTA

QUINTA

SEXTA

SÁBADO

Meu humor na semana

☐ ☐ ☐ ☐ ☐

Resumo da semana

☐ Finalizei todas as tarefas

☐ Ficaram algumas pendências

PLANEJAMENTO SEMANAL

Anotações

DOMINGO

Prioridades

- [ ]
- [ ]
- [ ]
- [ ]

SEGUNDA

TERÇA

Versículo da semana

Portanto, aceitem-se uns aos outros, da mesma forma como Cristo os aceitou, a fim de que vocês glorifiquem a Deus. Romanos 15:7

PLANEJAMENTO SEMANAL

QUARTA

QUINTA

SEXTA

SÁBADO

Meu humor na semana

☐ ☐ ☐ ☐ ☐

Resumo da semana

☐ Finalizei todas as tarefas

☐ Ficaram algumas pendências

PLANEJAMENTO SEMANAL

Anotações

DOMINGO

Prioridades

- [ ]
- [ ]
- [ ]
- [ ]

SEGUNDA

TERÇA

Versículo da semana

Descanse somente em Deus, ó minha alma; dele vem a minha esperança. Salmos 62:5

PLANEJAMENTO SEMANAL

QUARTA

QUINTA

SEXTA

SÁBADO

Meu humor na semana

☐ ☐ ☐ ☐ ☐

Resumo da semana

☐ Finalizei todas as tarefas

☐ Ficaram algumas pendências

BALANÇO DO MÊS

MOTIVOS PARA AGRADECER

MAIORES APRENDIZADOS

METAS ATINGIDAS

- ....
- ....
- ....
- ....
- ....
- ....
- ....
- ....

METAS EM ANDAMENTO

- ....
- ....
- ....
- ....
- ....
- ....
- ....
- ....

Minha avaliação desse mês .... ☆ ☆ ☆ ☆ ☆

MEU MÊS

ESCREVA AQUI O MÊS OU COLE O ADESIVO

PRIORIDADES

OBJETIVOS

TAREFAS

VISÃO DO MÊS

SÁBADO						
SEXTA						
QUINTA						
QUARTA						
TERÇA						
SEGUNDA						
DOMINGO						

FINANÇAS

Minha renda fixa: .... Extra: ....

DESPESAS FIXAS

DESCRIÇÃO	VALOR

DESPESAS VARIÁVEIS

DESCRIÇÃO	VALOR

Como posso melhorar?

Saldo final:

....

....

....

METAS PARA O PRÓXIMO MÊS

MEU PLANO COM DEUS

USE ESTE ESPAÇO PARA REGISTRAR SUA CAMINHADA COM DEUS AO LONGO DO MÊS. VOCÊ PODE ESCREVER UMA EXPERIÊNCIA MARCANTE, UMA FRASE DO LIVRO QUE ESTÁ LENDO, UM APRENDIZADO, O QUE DEUS FALOU COM VOCÊ E O QUE MAIS DESEJAR. AO FINAL, VOCÊ TERÁ O PANORAMA DO SEU CRESCIMENTO NA FÉ.

PRIMEIRA SEMANA

SEGUNDA SEMANA

TERCEIRA SEMANA

MEU PLANO COM DEUS

QUARTA SEMANA

QUINTA SEMANA

BENÇÃOS DO MÊS

PLANEJAMENTO SEMANAL

Anotações

DOMINGO

Prioridades

- [ ]
- [ ]
- [ ]
- [ ]

SEGUNDA

TERÇA

Versículo da semana

De todos os lados somos pressionados, mas não desanimados; ficamos perplexos, mas não desesperados. 2Coríntios 4:8

PLANEJAMENTO SEMANAL

QUARTA

QUINTA

SEXTA

SÁBADO

Meu humor na semana

☐ ☐ ☐ ☐ ☐

Resumo da semana

☐ Finalizei todas as tarefas

☐ Ficaram algumas pendências

PLANEJAMENTO SEMANAL

Anotações

Prioridades

- [ ] ....
- [ ] ....
- [ ] ....
- [ ] ....

DOMINGO

SEGUNDA

TERÇA

Versículo da semana

Entregue suas preocupações ao Senhor, e ele o susterá; jamais permitirá que o justo venha a cair. Salmos 55:22

PLANEJAMENTO SEMANAL

QUARTA

QUINTA

SEXTA

SÁBADO

Meu humor na semana

☐ ☐ ☐ ☐ ☐

Resumo da semana

☐ Finalizei todas as tarefas

☐ Ficaram algumas pendências

PLANEJAMENTO SEMANAL

Anotações

DOMINGO

Prioridades

- [ ]
- [ ]
- [ ]
- [ ]

SEGUNDA

TERÇA

Versículo da semana

O Senhor te abençoe e te guarde; o Senhor faça resplandecer o seu rosto sobre ti e te conceda graça; o Senhor volte para ti o seu rosto e te dê paz. Números 6:24,26

PLANEJAMENTO SEMANAL

QUARTA

QUINTA

SEXTA

SÁBADO

Meu humor na semana

☐ ☐ ☐ ☐ ☐

Resumo da semana

- ☐ Finalizei todas as tarefas
- ☐ Ficaram algumas pendências

PLANEJAMENTO SEMANAL

Anotações

Prioridades

- [ ]
- [ ]
- [ ]
- [ ]

DOMINGO

SEGUNDA

TERÇA

Versículo da semana

Quanto a mim, busco o Senhor e espero confiante que Deus me salve; certamente meu Deus me ouvirá! Miqueias 7:7

PLANEJAMENTO SEMANAL

QUARTA

QUINTA

SEXTA

SÁBADO

Meu humor na semana

Resumo da semana

- [ ] Finalizei todas as tarefas
- [ ] Ficaram algumas pendências

PLANEJAMENTO SEMANAL

Anotações

Prioridades

- [ ]
- [ ]
- [ ]
- [ ]

DOMINGO

SEGUNDA

TERÇA

Versículo da semana

O Senhor te abençoe e te guarde; o Senhor faça resplandecer o seu rosto sobre ti e te conceda graça;
o Senhor volte para ti o seu rosto e te dê paz. Números 6:24,26

PLANEJAMENTO SEMANAL

QUARTA

QUINTA

SEXTA

SÁBADO

Meu humor na semana

- [ ] 😄
- [ ] 😌
- [ ] 🤨
- [ ] 😐
- [ ] 🙁

Resumo da semana

- [ ] Finalizei todas as tarefas
- [ ] Ficaram algumas pendências

BALANÇO DO MÊS

MOTIVOS PARA AGRADECER

MAIORES APRENDIZADOS

METAS ATINGIDAS

- ....
- ....
- ....
- ....
- ....
- ....
- ....
- ....

METAS EM ANDAMENTO

- ....
- ....
- ....
- ....
- ....
- ....
- ....
- ....

Minha avaliação desse mês .... ☆ ☆ ☆ ☆ ☆

MEU MÊS

PRIORIDADES

OBJETIVOS

TAREFAS

VISÃO DO MÊS

SÁBADO						
SEXTA						
QUINTA						
QUARTA						
TERÇA						
SEGUNDA						
DOMINGO						

FINANÇAS

Minha renda fixa: .... Extra: ....

DESPESAS FIXAS

DESCRIÇÃO	VALOR

DESPESAS VARIÁVEIS

DESCRIÇÃO	VALOR

Como posso melhorar?

Saldo final:

....

....

....

METAS PARA O PRÓXIMO MÊS

MEU PLANO COM DEUS

USE ESTE ESPAÇO PARA REGISTRAR SUA CAMINHADA COM DEUS AO LONGO DO MÊS. VOCÊ PODE ESCREVER UMA EXPERIÊNCIA MARCANTE, UMA FRASE DO LIVRO QUE ESTÁ LENDO, UM APRENDIZADO, O QUE DEUS FALOU COM VOCÊ E O QUE MAIS DESEJAR. AO FINAL, VOCÊ TERÁ O PANORAMA DO SEU CRESCIMENTO NA FÉ.

PRIMEIRA SEMANA

SEGUNDA SEMANA

TERCEIRA SEMANA

QUARTA SEMANA

QUINTA SEMANA

BENÇÃOS DO MÊS

PLANEJAMENTO SEMANAL

Anotações

Prioridades

- [ ]
- [ ]
- [ ]
- [ ]

DOMINGO

SEGUNDA

TERÇA

Versículo da semana

Sede fortes e corajosos, todos vocês que esperam no Senhor.
Salmos 31:24

PLANEJAMENTO SEMANAL

QUARTA

QUINTA

SEXTA

SÁBADO

Meu humor na semana

☐ ☐ ☐ ☐ ☐

Resumo da semana

☐ Finalizei todas as tarefas

☐ Ficaram algumas pendências

PLANEJAMENTO SEMANAL

Anotações

Prioridades

- [ ]
- [ ]
- [ ]
- [ ]

DOMINGO

SEGUNDA

TERÇA

Versículo da semana

Nisto está o amor: não em que nós tenhamos amado a Deus, mas em que Ele nos amou e enviou seu Filho para propiciação pelos nossos pecados. 1João 4:10

PLANEJAMENTO SEMANAL

QUARTA

QUINTA

SEXTA

SÁBADO

Meu humor na semana

☐ ☐ ☐ ☐ ☐

Resumo da semana

☐ Finalizei todas as tarefas

☐ Ficaram algumas pendências

PLANEJAMENTO SEMANAL

Anotações

Prioridades

- [ ]
- [ ]
- [ ]
- [ ]

DOMINGO

SEGUNDA

TERÇA

Versículo da semana

E colocou todas as coisas sob seus pés e o fez cabeça da igreja sobre todas as coisas. Efésios 1:22

PLANEJAMENTO SEMANAL

QUARTA

QUINTA

SEXTA

SÁBADO

Meu humor na semana

Resumo da semana

- [ ] Finalizei todas as tarefas
- [ ] Ficaram algumas pendências

PLANEJAMENTO SEMANAL

Anotações

Prioridades

- [ ]
- [ ]
- [ ]
- [ ]

DOMINGO

SEGUNDA

TERÇA

Versículo da semana

Nossa esperança está no Senhor; ele é nosso auxílio e nosso escudo. Nele nosso coração se alegra, pois confiamos em seu santo nome. Que o teu amor nos cerque, Senhor, pois só em ti temos esperança. Salmos 33:20-22

PLANEJAMENTO SEMANAL

QUARTA

QUINTA

SEXTA

SÁBADO

Meu humor na semana

☐ ☐ ☐ ☐ ☐

Resumo da semana

☐ Finalizei todas as tarefas

☐ Ficaram algumas pendências

PLANEJAMENTO SEMANAL

Anotações

Prioridades

- [ ]
- [ ]
- [ ]
- [ ]

DOMINGO

SEGUNDA

TERÇA

Versículo da semana

Quanto ao mais, tenham todos o mesmo modo de pensar, sejam compassivos, amem-se fraternalmente, sejam misericordiosos e humildes. 1Pedro 3:8

PLANEJAMENTO SEMANAL

QUARTA

QUINTA

SEXTA

SÁBADO

Meu humor na semana

☐ ☐ ☐ ☐ ☐

Resumo da semana

- ☐ Finalizei todas as tarefas
- ☐ Ficaram algumas pendências

BALANÇO DO MÊS

MOTIVOS PARA AGRADECER

MAIORES APRENDIZADOS

METAS ATINGIDAS

- ....
- ....
- ....
- ....
- ....
- ....
- ....
- ....

METAS EM ANDAMENTO

- ....
- ....
- ....
- ....
- ....
- ....
- ....
- ....

Minha avaliação desse mês .... ☆☆☆☆☆

MEU MÊS

PRIORIDADES

OBJETIVOS

TAREFAS

VISÃO DO MÊS

DOMINGO	SEGUNDA	TERÇA	QUARTA	QUINTA	SEXTA	SÁBADO

FINANÇAS

Minha renda fixa: .... Extra: ....

DESPESAS FIXAS

DESCRIÇÃO	VALOR

DESPESAS VARIÁVEIS

DESCRIÇÃO	VALOR

Como posso melhorar?

Saldo final:

....

....

....

METAS PARA O PRÓXIMO MÊS

MEU PLANO COM DEUS

USE ESTE ESPAÇO PARA REGISTRAR SUA CAMINHADA COM DEUS AO LONGO DO MÊS. VOCÊ PODE ESCREVER UMA EXPERIÊNCIA MARCANTE, UMA FRASE DO LIVRO QUE ESTÁ LENDO, UM APRENDIZADO, O QUE DEUS FALOU COM VOCÊ E O QUE MAIS DESEJAR. AO FINAL, VOCÊ TERÁ O PANORAMA DO SEU CRESCIMENTO NA FÉ.

PRIMEIRA SEMANA

SEGUNDA SEMANA

TERCEIRA SEMANA

MEU PLANO COM DEUS

QUARTA SEMANA

QUINTA SEMANA

BENÇÃOS DO MÊS

PLANEJAMENTO SEMANAL

Anotações

Prioridades

- [ ]
- [ ]
- [ ]
- [ ]

DOMINGO

SEGUNDA

TERÇA

Versículo da semana

Bendito seja o nome do Senhor, desde agora e para sempre! Do nascer ao pôr do sol, louvado seja o nome do Senhor! Salmos 113:1,2

PLANEJAMENTO SEMANAL

QUARTA

QUINTA

SEXTA

SÁBADO

Meu humor na semana

☐ ☐ ☐ ☐ ☐

Resumo da semana

- ☐ Finalizei todas as tarefas
- ☐ Ficaram algumas pendências

PLANEJAMENTO SEMANAL

Anotações

Prioridades

- [ ]
- [ ]
- [ ]
- [ ]

DOMINGO

SEGUNDA

TERÇA

Versículo da semana

Mas também nos gloriamos nas tribulações, porque sabemos que a tribulação produz perseverança; a perseverança, um caráter aprovado; e o caráter aprovado, esperança. Romanos 5:3,4

PLANEJAMENTO SEMANAL

QUARTA

QUINTA

SEXTA

SÁBADO

Meu humor na semana

Resumo da semana

- [ ] Finalizei todas as tarefas
- [ ] Ficaram algumas pendências

PLANEJAMENTO SEMANAL

Anotações

Prioridades

- [ ] ....
- [ ] ....
- [ ] ....
- [ ] ....

DOMINGO

SEGUNDA

TERÇA

Versículo da semana

Se confessarmos os nossos pecados, ele é fiel e justo para perdoar os nossos pecados e nos purificar de toda injustiça. 1João 1:9

PLANEJAMENTO SEMANAL

QUARTA

QUINTA

SEXTA

SÁBADO

Meu humor na semana

☐ ☐ ☐ ☐ ☐

Resumo da semana

☐ Finalizei todas as tarefas

☐ Ficaram algumas pendências

PLANEJAMENTO SEMANAL

Anotações

Prioridades

- [ ]
- [ ]
- [ ]
- [ ]

DOMINGO

SEGUNDA

TERÇA

Versículo da semana

Faze-me ouvir do teu amor leal pela manhã, pois em ti confio. Mostra-me o caminho que devo seguir, pois a ti elevo a minha alma. Salmos 143:8

PLANEJAMENTO SEMANAL

QUARTA

QUINTA

SEXTA

SÁBADO

Meu humor na semana

☐ ☐ ☐ ☐ ☐

Resumo da semana

- ☐ Finalizei todas as tarefas
- ☐ Ficaram algumas pendências

PLANEJAMENTO SEMANAL

Anotações

DOMINGO

Prioridades

- [ ] ....
- [ ] ....
- [ ] ....
- [ ] ....

SEGUNDA

TERÇA

Versículo da semana

Espero no Senhor com todo o meu ser, e na sua palavra ponho a minha esperança. Salmos 130:5

PLANEJAMENTO SEMANAL

QUARTA

QUINTA

SEXTA

SÁBADO

Meu humor na semana

☐ ☐ ☐ ☐ ☐

Resumo da semana

☐ Finalizei todas as tarefas

☐ Ficaram algumas pendências

BALANÇO DO MÊS

MOTIVOS PARA AGRADECER

MAIORES APRENDIZADOS

METAS ATINGIDAS

•

•

•

•

•

•

•

•

METAS EM ANDAMENTO

•

•

•

•

•

•

•

•

Minha avaliação desse mês ☆☆☆☆☆

MEU MÊS

PRIORIDADES

OBJETIVOS

TAREFAS

VISÃO DO MÊS

DOMINGO	SEGUNDA	TERÇA	QUARTA	QUINTA	SEXTA	SÁBADO

FINANÇAS

Minha renda fixa: .... Extra: ....

DESPESAS FIXAS

DESCRIÇÃO	VALOR

DESPESAS VARIÁVEIS

DESCRIÇÃO	VALOR

Como posso melhorar?

Saldo final:

....

....

....

METAS PARA O PRÓXIMO MÊS

MEU PLANO COM DEUS

USE ESTE ESPAÇO PARA REGISTRAR SUA CAMINHADA COM DEUS AO LONGO DO MÊS. VOCÊ PODE ESCREVER UMA EXPERIÊNCIA MARCANTE, UMA FRASE DO LIVRO QUE ESTÁ LENDO, UM APRENDIZADO, O QUE DEUS FALOU COM VOCÊ E O QUE MAIS DESEJAR. AO FINAL, VOCÊ TERÁ O PANORAMA DO SEU CRESCIMENTO NA FÉ.

PRIMEIRA SEMANA

SEGUNDA SEMANA

TERCEIRA SEMANA

QUARTA SEMANA

QUINTA SEMANA

BENÇÃOS DO MÊS

PLANEJAMENTO SEMANAL

Anotações

Prioridades

- [ ]
- [ ]
- [ ]
- [ ]

DOMINGO

SEGUNDA

TERÇA

Versículo da semana

Estou convencido de que aquele que começou boa obra em vocês, vai completá-la até o dia de Cristo Jesus. Filipenses 1:6

PLANEJAMENTO SEMANAL

QUARTA

QUINTA

SEXTA

SÁBADO

Meu humor na semana

☐ ☐ ☐ ☐ ☐

Resumo da semana

☐ Finalizei todas as tarefas

☐ Ficaram algumas pendências

PLANEJAMENTO SEMANAL

Anotações

Prioridades

- [ ]
- [ ]
- [ ]
- [ ]

DOMINGO

SEGUNDA

TERÇA

Versículo da semana

O Deus que concede perseverança e ânimo dê-lhes um espírito de unidade, segundo Cristo Jesus. Romanos 15:5

PLANEJAMENTO SEMANAL

QUARTA

QUINTA

SEXTA

SÁBADO

Meu humor na semana

☐ ☐ ☐ ☐ ☐

Resumo da semana

☐ Finalizei todas as tarefas

☐ Ficaram algumas pendências

PLANEJAMENTO SEMANAL

Anotações

Prioridades

DOMINGO

SEGUNDA

TERÇA

Versículo da semana

Portanto, meus amados irmãos, mantenham-se firmes, e que nada os abale. Sejam sempre dedicados à obra do Senhor, pois vocês sabem que, no Senhor, o trabalho de vocês não será inútil. 1Coríntios 15:58

PLANEJAMENTO SEMANAL

QUARTA

QUINTA

SEXTA

SÁBADO

Meu humor na semana

☐ ☐ ☐ ☐ ☐

Resumo da semana

- ☐ Finalizei todas as tarefas
- ☐ Ficaram algumas pendências

PLANEJAMENTO SEMANAL

Anotações

Prioridades

- [ ] ....
- [ ] ....
- [ ] ....
- [ ] ....

DOMINGO

SEGUNDA

TERÇA

Versículo da semana

Levanto os meus olhos para os montes e pergunto: De onde me vem o socorro?
O meu socorro vem do Senhor, que fez os céus e a terra. Salmos 121:1,2

PLANEJAMENTO SEMANAL

QUARTA

QUINTA

SEXTA

SÁBADO

Meu humor na semana

☐ ☐ ☐ ☐ ☐

Resumo da semana

- ☐ Finalizei todas as tarefas
- ☐ Ficaram algumas pendências

PLANEJAMENTO SEMANAL

Anotações

DOMINGO

Prioridades

- [ ]
- [ ]
- [ ]
- [ ]

SEGUNDA

TERÇA

Versículo da semana

Não andem ansiosos por coisa alguma, mas em tudo, pela oração e súplicas, e com ação de graças, apresentem seus pedidos a Deus. Filipenses 4:6

PLANEJAMENTO SEMANAL

QUARTA

QUINTA

SEXTA

SÁBADO

Meu humor na semana

☐ ☐ ☐ ☐ ☐

Resumo da semana

- ☐ Finalizei todas as tarefas
- ☐ Ficaram algumas pendências

BALANÇO DO MÊS

MOTIVOS PARA AGRADECER

MAIORES APRENDIZADOS

METAS ATINGIDAS

- ...
- ...
- ...
- ...
- ...
- ...
- ...
- ...

METAS EM ANDAMENTO

- ...
- ...
- ...
- ...
- ...
- ...
- ...
- ...

Minha avaliação desse mês .... ☆ ☆ ☆ ☆ ☆

MEU MÊS

PRIORIDADES

OBJETIVOS

TAREFAS

VISÃO DO MÊS

DOMINGO	SEGUNDA	TERÇA	QUARTA	QUINTA	SEXTA	SÁBADO

FINANÇAS

Minha renda fixa: .... Extra: ....

DESPESAS FIXAS

DESCRIÇÃO	VALOR

DESPESAS VARIÁVEIS

DESCRIÇÃO	VALOR

Como posso melhorar?

Saldo final:

....

....

....

METAS PARA O PRÓXIMO MÊS

MEU PLANO COM DEUS

USE ESTE ESPAÇO PARA REGISTRAR SUA CAMINHADA COM DEUS AO LONGO DO MÊS. VOCÊ PODE ESCREVER UMA EXPERIÊNCIA MARCANTE, UMA FRASE DO LIVRO QUE ESTÁ LENDO, UM APRENDIZADO, O QUE DEUS FALOU COM VOCÊ E O QUE MAIS DESEJAR. AO FINAL, VOCÊ TERÁ O PANORAMA DO SEU CRESCIMENTO NA FÉ.

PRIMEIRA SEMANA

SEGUNDA SEMANA

TERCEIRA SEMANA

MEU PLANO COM DEUS

QUARTA SEMANA

QUINTA SEMANA

BENÇÃOS DO MÊS

PLANEJAMENTO SEMANAL

Anotações

Prioridades

- [ ] ....
- [ ] ....
- [ ] ....
- [ ] ....

DOMINGO

SEGUNDA

TERÇA

Versículo da semana

Dediquem-se à oração, estejam alertas e sejam agradecidos. Colossenses 4:2

PLANEJAMENTO SEMANAL

QUARTA

QUINTA

SEXTA

SÁBADO

Meu humor na semana

☐ ☐ ☐ ☐ ☐

Resumo da semana

- ☐ Finalizei todas as tarefas
- ☐ Ficaram algumas pendências

PLANEJAMENTO SEMANAL

Anotações

Prioridades

☐ ....
☐ ....
☐ ....
☐ ....

DOMINGO

SEGUNDA

TERÇA

Versículo da semana

Se algum de vocês tem falta de sabedoria, peça-a a Deus, que a todos dá livremente, de boa vontade; e lhe será concedida. Tiago 1:5

PLANEJAMENTO SEMANAL

QUARTA

QUINTA

SEXTA

SÁBADO

Meu humor na semana

Resumo da semana

- [ ] Finalizei todas as tarefas
- [ ] Ficaram algumas pendências

PLANEJAMENTO SEMANAL

Anotações

Prioridades

- [ ]
- [ ]
- [ ]
- [ ]

DOMINGO

SEGUNDA

TERÇA

Versículo da semana

Venham a mim, todos os que estão cansados e sobrecarregados,
e eu lhes darei descanso. Mateus 11:28

PLANEJAMENTO SEMANAL

QUARTA

QUINTA

SEXTA

SÁBADO

Meu humor na semana

☐ ☐ ☐ ☐ ☐

Resumo da semana

☐ Finalizei todas as tarefas

☐ Ficaram algumas pendências

PLANEJAMENTO SEMANAL

Anotações

Prioridades

- [ ]
- [ ]
- [ ]
- [ ]

DOMINGO

SEGUNDA

TERÇA

Versículo da semana

Busquem, pois, em primeiro lugar o Reino de Deus e a sua justiça, e todas essas coisas lhes serão acrescentadas. Mateus 6:33

PLANEJAMENTO SEMANAL

QUARTA

QUINTA

SEXTA

SÁBADO

Meu humor na semana

☐ ☐ ☐ ☐ ☐

Resumo da semana

☐ Finalizei todas as tarefas

☐ Ficaram algumas pendências

PLANEJAMENTO SEMANAL

Anotações

Prioridades

- [ ] ....
- [ ] ....
- [ ] ....
- [ ] ....

DOMINGO

SEGUNDA

TERÇA

Versículo da semana

Entregue o seu caminho ao Senhor; confie nele, e ele agirá. Salmos 37:5

PLANEJAMENTO SEMANAL

QUARTA

QUINTA

SEXTA

SÁBADO

Meu humor na semana

☐ ☐ ☐ ☐ ☐

Resumo da semana

☐ Finalizei todas as tarefas

☐ Ficaram algumas pendências

BALANÇO DO MÊS

MOTIVOS PARA AGRADECER

MAIORES APRENDIZADOS

METAS ATINGIDAS

- ....
- ....
- ....
- ....
- ....
- ....
- ....
- ....

METAS EM ANDAMENTO

- ....
- ....
- ....
- ....
- ....
- ....
- ....
- ....

Minha avaliação desse mês .... ☆ ☆ ☆ ☆ ☆

MEU MÊS

PRIORIDADES

OBJETIVOS

TAREFAS

VISÃO DO MÊS

SÁBADO						
SEXTA						
QUINTA						
QUARTA						
TERÇA						
SEGUNDA						
DOMINGO						

FINANÇAS

Minha renda fixa: .... Extra: ....

DESPESAS FIXAS

DESCRIÇÃO	VALOR

DESPESAS VARIÁVEIS

DESCRIÇÃO	VALOR

Como posso melhorar?

Saldo final:

....

....

....

METAS PARA O PRÓXIMO MÊS

MEU PLANO COM DEUS

USE ESTE ESPAÇO PARA REGISTRAR SUA CAMINHADA COM DEUS AO LONGO DO MÊS. VOCÊ PODE ESCREVER UMA EXPERIÊNCIA MARCANTE, UMA FRASE DO LIVRO QUE ESTÁ LENDO, UM APRENDIZADO, O QUE DEUS FALOU COM VOCÊ E O QUE MAIS DESEJAR. AO FINAL, VOCÊ TERÁ O PANORAMA DO SEU CRESCIMENTO NA FÉ.

PRIMEIRA SEMANA

SEGUNDA SEMANA

TERCEIRA SEMANA

QUARTA SEMANA

QUINTA SEMANA

BENÇÃOS DO MÊS

PLANEJAMENTO SEMANAL

Anotações

Prioridades

- [ ] ....
- [ ] ....
- [ ] ....
- [ ] ....

DOMINGO

SEGUNDA

TERÇA

Versículo da semana

Confie no Senhor de todo o seu coração e não se apóie em seu próprio entendimento; reconheça o Senhor em todos os seus caminhos, e ele endireitará as suas veredas. Provérbios 3.5-6

PLANEJAMENTO SEMANAL

QUARTA

QUINTA

SEXTA

SÁBADO

Meu humor na semana

☐ ☐ ☐ ☐ ☐

Resumo da semana

☐ Finalizei todas as tarefas

☐ Ficaram algumas pendências

PLANEJAMENTO SEMANAL

Anotações

Prioridades

DOMINGO

SEGUNDA

TERÇA

Versículo da semana

Mas aqueles que esperam no Senhor renovam as suas forças. Voam bem alto como águias; correm e não ficam exaustos, andam e não se cansam. Isaías 40:31

PLANEJAMENTO SEMANAL

QUARTA

QUINTA

SEXTA

SÁBADO

Meu humor na semana

☐ ☐ ☐ ☐ ☐

Resumo da semana

- ☐ Finalizei todas as tarefas
- ☐ Ficaram algumas pendências

PLANEJAMENTO SEMANAL

Anotações

Prioridades

- [ ]
- [ ]
- [ ]
- [ ]

DOMINGO

SEGUNDA

TERÇA

Versículo da semana

Por isso não tema, pois estou com você; não tenha medo, pois sou o seu Deus. Eu o fortalecerei e o ajudarei; Eu o segurarei com a minha mão direita vitoriosa. Isaías 41:10

PLANEJAMENTO SEMANAL

QUARTA

QUINTA

SEXTA

SÁBADO

Meu humor na semana

☐ ☐ ☐ ☐ ☐

Resumo da semana

- ☐ Finalizei todas as tarefas
- ☐ Ficaram algumas pendências

PLANEJAMENTO SEMANAL

Anotações

Prioridades

- [ ] ....
- [ ] ....
- [ ] ....
- [ ] ....

DOMINGO

SEGUNDA

TERÇA

Versículo da semana

Mas, em todas estas coisas somos mais que vencedores, por meio daquele que nos amou. Romanos 8:37

PLANEJAMENTO SEMANAL

QUARTA

QUINTA

SEXTA

SÁBADO

Meu humor na semana

- [ ]
- [ ]
- [ ]
- [ ]
- [ ]

Resumo da semana

- [ ] Finalizei todas as tarefas
- [ ] Ficaram algumas pendências

PLANEJAMENTO SEMANAL

Anotações

Prioridades

- [ ]
- [ ]
- [ ]
- [ ]

DOMINGO

SEGUNDA

TERÇA

Versículo da semana

Busquem o bem, não o mal, para que tenham vida. Então o Senhor, o Deus dos Exércitos, estará com vocês, conforme vocês afirmam. Amós 5:14

PLANEJAMENTO SEMANAL

QUARTA

QUINTA

SEXTA

SÁBADO

Meu humor na semana

☐ ☐ ☐ ☐ ☐

Resumo da semana

☐ Finalizei todas as tarefas

☐ Ficaram algumas pendências

BALANÇO DO MÊS

MOTIVOS PARA AGRADECER

MAIORES APRENDIZADOS

METAS ATINGIDAS

- ...
- ...
- ...
- ...
- ...
- ...
- ...
- ...

METAS EM ANDAMENTO

- ...
- ...
- ...
- ...
- ...
- ...
- ...
- ...

Minha avaliação desse mês .... ☆ ☆ ☆ ☆ ☆

COMO USAR ESTAS PÁGINAS

PARA DEIXAR SEU PLANNER AINDA MAIS PERFEITO, esta aba extra possui páginas em *bullet journal*, para que você possa personalizá-las do seu jeito! Aqui você poderá registrar as informações que quiser da forma que preferir, pois há espaço de sobra para você criar listas, tabelas, lembretes, ilustrações e tudo o mais que for necessário para organizar sua rotina de forma prática.

Nestas páginas você poderá listar coisas novas ou complementar alguma anotação feita nas abas anteriores. Por exemplo, você pode fazer um cronograma de exercícios físicos para iniciar um projeto *fitness* ou um controle de gastos mais detalhado, caso o espaço disponível na agenda mensal não seja suficiente.

Quem decide é você!

E para que este espaço fique ainda mais com a sua cara, a cartela de adesivos, além de contar com uma variedade de ícones que também podem ser usados aqui, possui etiquetas sem texto, para que você possa nomear como preferir e usar na identificação desta aba. O controle que você precisa da maneira que você deseja!

R425m Rigazzo, Alessandra
6 ed. Meu plano perfeito / Alessandra Rigazzo. – 6 ed.
Rio de Janeiro: Thomas Nelson Brasil, 2024.

272 p.; il.; 15,5 x 23 cm.

Capa dura, espiral duplo, pastel • ISBN: 978-65-5689-483-6
Acetato, espiral duplo, flores • ISBN: 978-65-5689-086-9
Carteira, sobrecapa, poás • ISBN: 978-65-5689-481-2
Couro soft, espiral duplo, caramelo • ISBN: 978-65-5689-662-5
Tecido, espiral duplo, vintage • ISBN: 978-65-5689-663-2

Autoajuda. 2. Planejamento. 3. Planner. 4. Vida cristã.
5. Organização. I. Título.
CDD 158.2 • 7-2020/117 • CDU 159.942

Bibliotecária responsável: Aline Graziele Benitez CRB-1/3129